Über den Autor:

Peter Schneider wurde 1940 in Lübeck geboren und wuchs in Grainau und Freiburg auf. Seit 1961 lebt er in West-Berlin.
Veröffentlichungen: Ansprachen. Reden, Notizen, Gedichte, 1970; Lenz. Eine Erzählung, 1973; . . . schon bist du ein Verfassungsfeind. Das unerwartete Anschwellen der Personalakte des Lehrers Kleff, 1975; Atempause. Versuch, meine Gedanken über Literatur und Kunst zu ordnen, 1977; Die Wette. Erzählungen, 1978; Messer im Kopf. Drehbuch zu einem Spielfilm, 1979; Die Botschaft des Pferdekopfs und andere Essais aus einem friedlichen Jahrzehnt, 1981 (SL 370); Totoloque, Stück in drei Spielen, 1985; Vati. Erzählung, 1987.

Peter Schneider

Der Mauerspringer

Erzählung

Luchterhand

Sammlung Luchterhand, März 1984
4. Auflage, Juli 1987
Lektorat: Klaus Roehler
Umschlagfoto von Monika Hasse
Herstellung: Ralf-Ingo Steimer
© 1982 by Hermann Luchterhand Verlag GmbH & Co KG,
Darmstadt und Neuwied
Gesamtherstellung bei der
Druck- und Verlags-Gesellschaft mbH, Darmstadt
ISBN 3-472-61472-2

I

Das Wetter wird in Berlin in der Regel von westlichen Winden
beherrscht. Ein Reisender, der sich im Flugzeug nähert, hat aus
diesem Grund ausgiebig Zeit, die Stadt von oben zu betrachten.
Um gegen den Wind landen zu können, muß das aus dem
Westen einfliegende Flugzeug die Stadt und das sie teilende
Bauwerk dreimal überqueren: zunächst in östlicher Richtung
fliegend, erreicht das Flugzeug Westberliner Luftraum, über-
fliegt darauf in einer weiten Linkskurve den östlichen Teil der
Stadt und überwindet dann, jetzt aus dem Osten kommend, das
raumaufteilende Bauwerk in Richtung Landebahn Tegel ein
drittes Mal. Aus der Luft betrachtet, bietet die Stadt einen
durchaus einheitlichen Anblick. Nichts bringt den Ortsunkun-
digen auf die Idee, daß er sich einer Gegend nähert, in der zwei
politische Kontinente aneinanderstoßen.
Vorherrschend ist der Eindruck einer linearen, auf dem Rechteck aufbauenden Ordnung, aus der alles Krumme verbannt ist.
Im Stadtkern fällt der Festungscharakter der Mietshäuser auf,
die meist im Viereck um einen Innenhof herumgebaut sind,
darin die eine Kastanie steht. Wenn sich die Krone einer solchen
Kastanie sanft zu bewegen beginnt, kann der Anwohner schließen, daß draußen ein Sturm mit Windstärken von sechs bis acht
durch die Straßen fegt. Im Sprachgebrauch der Berliner werden
diese Wohnhäuser Mietskasernen genannt; ein Ausdruck, der
die Inspirationsquelle ihrer Architekten zutreffend beschreibt.
Tatsächlich rufen noch die Schornsteine die Erinnerung an die
Glasscherben wach, die auf den Hinterhofmauern einzementiert
sind, zum Schutz gegen die Katzen und Kinder der Nachbarn.
Die neuen Häuser am Stadtrand scheinen nicht von unten nach
oben gebaut. Sie wirken wie Zementblöcke, die von einem
amerikanischen oder sowjetischen Militärhubschrauber abge-
worfen wurden; auch im Niedergehen des Flugzeugs wird der

Ortsfremde die beiden Stadtteile nicht voneinander unterscheiden. War der östliche Landesteil eben noch an der einheitlichen
Färbung der Aussaat und dem Fehlen künstlicher Grenzen
zwischen den Feldern zu erkennen, so bietet das Stadtbild kaum
Anhaltspunkte für eine politische Zuordnung. Allenfalls die
Doppelung öffentlicher Einrichtungen wie Fernsehturm, Kon-
greßzentrum, Zoo, Rathaus, Sportstadion gibt dem Reisenden
einen Hinweis, daß er sich einer Stadt nähert, in der der gleiche
Geschmack dasselbe zweimal hervorgebracht hat.

Zwischen all diesen Rechtecken wirkt die Mauer in ihrem
phantastischen Zickzackkurs wie die Ausgeburt einer anarchisti-
schen Phantasie. Nachmittags von der untergehenden Sonne
und nachts verschwenderisch vom Scheinwerferlicht ange-
strahlt, erscheint sie eher als städtebauliches Kunstwerk denn als
Grenze.

Bei schönem Wetter kann der Reisende den Schatten des Flugzeugs beobachten, der zwischen beiden Stadtteilen hin und her
huscht. Er kann die Annäherung des Flugzeugs an seinen
Schatten verfolgen bis zu dem Augenblick, da das Flugzeug in
seinem Schatten aufsetzt. Erst wenn der Reisende ausgestiegen
ist, bemerkt er, daß der wiedergefundene Schatten in dieser
Stadt einen Verlust bedeutet. Nachträglich stellt er fest, daß sich
einzig der Schatten des Flugzeugs frei zwischen beiden Stadtteilen bewegen konnte, und plötzlich erscheint ihm das Flugzeug
als eines jener von Einstein erträumten Verkehrsmittel, aus dem
lächerlich jung und ahnungslos Reisende steigen und eine Stadt
besichtigen, in der seit gestern tausend Jahre vergangen sind.

Ich lebe seit zwanzig Jahren in der siamesischen Stadt. Ich kam
hierher wie die meisten, die es aus westdeutschen Provinzen
wegzieht: weil ich in eine größere Stadt wollte, weil eine Freundin
dort wohnt, weil das Ausharren auf diesem Vorposten als eine Art
Ersatzdienst gilt, der die Jahre in westdeutschen Kasernen
erspart. Wie die meisten blieb ich zunächst nur von Jahr zu Jahr,
aber wahr ist auch, daß mir schon nach kurzem Aufenthalt in
Berlin jede westdeutsche Stadt wie gefälscht vorkam.

Tatsächlich mag ich an Berlin, was diese Stadt von Hamburg, Frankfurt, München unterscheidet: die Ruinenreste, in denen mannshohe Birken und Sträucher Wurzeln geschlagen haben; die Einschußlöcher in den sandgrauen, blasigen Fassaden, die vergilbten Werbegemälde an den Brandmauern, die von Zigarettenmarken und Schnapssorten sprechen, die es längst nicht mehr gibt. Manchmal erscheint am Nachmittag im einzigen Fenster einer solchen Mauer das Gesicht eines Menschen über zwei Ellbogen, die auf ein Kissen gestützt sind, ein Gesicht im Rahmen von ein paar zehntausend Ziegelsteinen – Berliner Porträt. Die Ampeln sind kleiner, die Zimmer höher, die Fahrstühle älter als in Westdeutschland; es gibt immer wieder Risse im Asphalt, aus denen die Vergangenheit wuchert. Am besten gefällt mir Berlin im August, wenn die Rolläden geschlossen sind und in den Schaufenstern Schrifttafeln hängen, die eine kaum mehr glaubhafte Rückkehr ankündigen; wenn die 90 000 Hunde Ferien machen und sich hinter den Scheibenwischern der paar zurückgebliebenen Autos die Werbezettel irgendeiner Life-Show bündeln, wenn hinter offenen Türen die Stühle leer bleiben und die zwei verstreut sitzenden Gäste den Kopf nicht mehr heben, falls doch noch ein dritter die Kneipe betritt.

Nur noch gelegentlich, wenn mich die Einheimischen zu einem Sonntagsspaziergang um den Grunewaldsee auffordern, merke ich an meiner Unlust, daß ich mit diesen Rundgängen die Assoziation eines Hofgangs verbinde. Ab und zu, wenn mich ein westdeutscher Besucher daran erinnert, fällt mir eine vergessene Beobachtung wieder ein: die Berliner fahren wie Mörder. Es ist, als mache sich in der Innenstadt ein Bewegungstrieb Luft, den westdeutsche Autofahrer auf ihren Landstraßen und Autobahnen austoben. Dem gleichen Trieb scheinen es die Kneipenbesitzer zu verdanken, daß ihr Gewerbe das einzige ist, das einen anhaltenden und offenbar grenzenlosen Wachstumstrend aufzuweisen hat. Hin und wieder, wenn ich ihn sehe, irritiert mich der Kletterfelsen auf dem einzigen, aus den Ruinen der Stadt errichteten Berg: ein vier Meter hoher Zementblock, gestiftet vom Deutschen Alpenverein, in den alle Schwierigkeitsgrade eingebaut sind. Als ich dort einmal eine voll ausgerüstete Seilschaft mit Bergstiefeln, Windjacke und Höhenbrille ihren kühnen Aufstieg beginnen sah, und der oben Angekommene die Hand schützend vor die Augen hielt, um dem unten Sichernden den Anblick zu schildern, hatte ich kurz das Gefühl, mich an zu viel gewöhnt zu haben. Aber wenn ich dann, zur Erholung im Schwarzwald, von einem Süddeutschen gefragt werde, ob ich in Ost- oder Westberlin wohne, erscheint mir der Preis für so viel Landschaft zu hoch. Dieselbe Ignoranz habe ich auch in Dresden oder Leipzig beobachtet: je weiter weg von der Grenze, desto ungenierter bildet das jeweils halbe Volk sich ein, ein ganzes zu sein. Auf die Nachfrage, ob es nicht merkwürdig sei, in einer von Zement und Stacheldraht eingeschlossenen Stadt zu wohnen, antworte ich längst wie die meisten Berliner: Es lebt sich dort nicht anders als in jeder anderen Stadt. Tatsächlich sehe ich die Mauer nicht mehr: dies, obwohl sie nächst der chinesischen das einzige Bauwerk auf der Erde sein dürfte, das sich vom Mond aus mit bloßem Auge erkennen läßt.

Winternacht auf dem Flughafen Schönefeld, es schneit. Fahrzeuge gleiten über das Flugfeld, streuen gelbe Lichtkreise über die weiße Fläche, stürmen den Schnee. Ein Fahrzeug baggert und schaufelt, ein anderes lädt auf und bringt weg, ein drittes bläst, meterhohe Schneefontänen ausstoßend, einen Weg frei. Das Feld sieht aus wie ein zugefrorener See, gelegen in einer zukünftigen Landschaft. Nur ein paar Automaten haben hier überlebt und bereiten die Ankunft außerirdischer Wesen vor.
Eisiger Wind schlägt den Ankommenden auf der Gangway entgegen, findet noch im Bus unter Röcke und Hosenbeine. Endlose Zeit hält der Fahrer die Türen offen in Erwartung eines Fluggastes, der im Sprechfunkverkehr verlorenging. Die Wartenden kommen aus einem anderen Erdteil und aus einer anderen Jahreszeit. Zollfreies zerrt an erstarrenden Fingern, die Strohhüte und Kopftücher gewähren nur Schutz gegen die Sonne. Im Bus wird auf spanisch und russisch geschimpft und

auf deutsch geschwiegen, kein Fluch auf den Fahrer kommt über deutsche Lippen. Erst als sich die Türen schließen, wird in sächsischer und berliner Färbung Erleichterung laut. Aber die Einheit im Bus, durch eine gemeinsame Sprache beglaubigt, währt nur die kurze Strecke vom Flugzeug zur Ankunftshalle. Noch bevor die Deutschen vor den beiden Türen, die den Eingang in zwei verschiedene Staaten bezeichnen, Aufstellung nehmen, entsteht ein Zwischenraum. Die da eben noch durcheinander standen und gingen, werden von einer magnetischen Kraft, kenntlich nur an den Buchstabengruppen über den Türen, auseinandergezogen und sammeln sich wie Eisenspäne um zwei entgegengesetzte Pole. Leder trennt sich von Sky, Levis von nachgemachten Jeans, Natur von Kunstfaser, grell von grau. Aber nicht nur in der Kleidung, auch in den Gesichtern und der Art der Bewegung werden Stammesmerkmale erkennbar. Die sich um die Buchstaben BRD gruppieren, bewegen sich vorsichtig und scheinen immer darauf gefaßt, bei einem Fehler ertappt zu werden. In ihren eher geflüsterten Dialogen hat das Hochdeutsche über den Dialekt gesiegt, die Blicke scheinen nach innen gerichtet, und die Augenfalten drücken die Müdigkeit von Leuten aus, deren Wünsche vorzeitig in Erfüllung gegangen sind. Die Gruppe, die vor der anderen Tür Einlaß begehrt, wirkt jünger, roher in den Gebärden, unbekümmert um fremde Zuhörer. Sächsischer, mecklenburger, berliner Dialekt poltern gegeneinander, die Sprache verlangt nach dem Gestus und reißt Hände und Schultern mit.

Vor den beiden Türen zum Stillstand gekommen, sind beide Gruppen endgültig voneinander getrennt: Westgesichter starren in Ostgesichter, wie Menschen Menschenaffen betrachten.

Kaum sind die Reihen gebildet, richten sich alle Blicke nach vorne, die Finger umklammern den Ausweis, ein letztes Zeichen von Identität. Fahrstuhlstille breitet sich aus über den Wartenden, und obwohl kein Luftmangel herrscht, beschränkt sich ein jeder darauf, langsam und luftsparend zu atmen. Es ist, als seien alle vor einem Türsteher angekommen, der außer der Staatsangehörigkeit kein Verdienst gelten läßt. Nichts ist zu hören als das

Summen des Türöffners und die kurz danach auf- und zuklappende Tür.

Nachdem die Tür hinter mir ins Schloß gefallen ist, stehe ich störend im Strom der Abgefertigten, deren Wege sich jetzt endgültig trennen: die einen gehen nach rechts zum Transit-Bus, die anderen nach links zum Parkplatz und Taxistand. Nur halb ist die Halle beleuchtet, die Monitoren geben keine Auskunft mehr, die Post ist geschlossen, der Telefonautomat von Siemens nimmt meine Münzen nicht an. Jeder, an den ich das Wort richte, scheint sich beobachtet zu fühlen und will von meiner Währung nichts wissen. Lange laufe ich durch die Gänge des Flughafengebäudes in der Hoffnung auf eine offene Wechselstube, bald nur noch im Echo meiner eigenen Schritte. Im Widerschein eines Feuerzeugs zeichnet sich der Umriß eines Mannes ab, das Gesicht an eine Schaufensterscheibe gepreßt.

»Du wissen, wo Schönhauser Allee?«

Der Akzent des Mannes gehört keiner Sprache an, die ich zu bezeichnen wüßte, es sei denn mit einer Himmelsrichtung.

»Du nix Berliner?«

»Ich Westberlin, andere Seite.«

Die Gewohnheiten des Einheimischen, dem Ausländer in der Infinitiv-Sprache zu antworten, erleichtert die Verständigung zwischen uns nicht. Der Pole Bulgare Russe möchte mit mir ein Taxi zur Schönhauser Allee teilen.

»Ich Wohnung Westberlin, nix Taxi!«

Ich ergreife die Hand mit dem Feuerzeug und führe sie über den Stadtplan, der hinter der Schaufensterscheibe befestigt ist, in westlicher Richtung.

»Ich hier, du dort.«

Zu meinem eigenen Erstaunen weist mein Finger ins vollkommen Leere. Wo ich zu Hause sein will, sind keine Straßen verzeichnet, keine Plätze, keine U-Bahn-Stationen. Nur unbebaute gelbliche Flächen dehnen sich da, aufgelockert durch ein paar grüne Oasen.

»Du da wohnen?« fragt der Pole Russe Bulgare und lacht.

»Keine Straßen, keine Häuser, alles gelb! Wüste!«

»Das Westberlin! Berlin: Kapitalist, Marlboro, Coca-Cola, Mercedes – verstehen?«

»Ah, du Kapitalist?«

»Nix Kapitalist, ich wohne nur dort.«

»Warum nix Kapitalist?«

Er bietet mir aus einem Päckchen mit einer nie gesehenen Aufschrift Zigaretten an und nimmt eine von meinen. Auf der Normaluhr sehe ich den großen Zeiger über die Abfahrtszeit springen.

»Ich da, du dort«, rufe ich und renne dem Ausgang zu. Aber der Pole Russe Bulgare bleibt mir auf den Fersen. Beide sehen wir die Schlußleuchten des Transit-Busses im Dunkel verschwinden.

»Bus weg, Taxi weg, Autostop.«

Ich nicke und zeige in beide in Frage kommenden Himmelsrichtungen. Der Mann aus dem Osten will aber nicht ohne mich ins Bebaute und mich nicht allein in die Wüste lassen.

Nach ein paar Schritten auf der Straße bleibt er stehen.

»Wohin du gehen?«

»Nach Berlin.«

»Ich auch! Wir Taxi zusammen!«

So trennen wir uns, immer wieder stehenbleibend, den Koffer absetzend, den Kopf schüttelnd, und weisen jeder in die Richtung des anderen.

Auf dem westberliner Stadtplan läßt sich die Mauer kaum finden. Nur ein zartes, rosa gestricheltes Band zerteilt die Stadt. Auf dem ostberliner Stadtplan hört die Welt an der Mauer auf. Jenseits des schwarz umrandeten, fingerdicken Trennstrichs, den die Zeichenerklärung als Staatsgrenze ausweist, beginnt die Geographie. So sah die märkische Tiefebene vielleicht zur Zeit der Völkerwanderung aus. Der einzige Hinweis auf die Existenz einer Mauer findet sich unter dem Stichwort »Sehenswürdigkeiten«: dort wird auf die Reste der historischen Stadtmauer von Berlin aufmerksam gemacht, in der Nähe der alten Klosterkirche.

Als ich nach Berlin zog, wurde die neue Mauer gerade fertiggestellt. Nachdem der erste Schrecken vorbei war, verdünnte sich
das massive Ding im Bewußtsein der Westdeutschen immer
mehr zur Metapher. Was jenseits das Ende der Bewegungsfrei-
heit bedeutete, wurde diesseits zum Sinnbild für ein verabscheu-
tes Gesellschaftssystem. Der Blick nach drüben verkürzte sich
zu einem Blick auf die Grenzanlagen und schließlich zum
gruppentherapeutischen Selbsterlebnis: die Mauer wurde den
Deutschen im Westen zum Spiegel, der ihnen Tag für Tag sagt,
wer der Schönste im Lande ist. Ob es ein Leben gab jenseits des
Todesstreifens, interessierte bald nur noch Tauben und Katzen.
Meine ersten Expeditionen in die Stadt auf der anderen Seite
weckten keine größere Neugier. Ich ging ins Berliner Ensemble,
richtete Grüße bei Verwandten zweiten und dritten Grades aus,
knüpfte ein Gespräch in einer Kneipe am Prenzlauer Berg an.
Von diesen ersten Besuchen ist mir kaum mehr als ein Geruch im
Gedächtnis, den ich später, wenn ich bei Ostwind auf einem
westberliner Balkon stand, sofort wiedererkannte: diesen Geruch aus Benzingemisch, Desinfektionsmitteln, heißen Eisen-
bahnschienen, Mischgemüse und Bahnhofshalle.
Später nahm mich ein Freund zu dem Sänger Wolf Biermann
mit. Bei diesen Besuchen erfuhr ich zum ersten Mal von einer
Wahl, die für mich wie für die meisten meiner Altersgenossen
durch Geburt und den Wohnort der Eltern erledigt schien: der da
in seiner Wohnung in der Chausseestraße seine sehnsüchtigen
und anklagenden Lieder sang, war aus freien Stücken in das
»bessere Deutschland« gekommen und bestand auf dieser
Adresse auch dann noch, als ihm nur noch seine Bewacher und
die westdeutschen Besucher zuhören durften. Seine Argumente
fürs Dableiben bezogen sich alle auf eine weit zurückliegende
Zeit; die Hoffnungen für die Zukunft schien er dauernd selber zu
widerlegen. Die Gegenwart bot ihm vor allem Anlaß zu Schrek-
kensmeldungen, und es gelang mir nicht, herauszufinden, was
ihm an dem Deutschland seiner Wahl noch gefiel. Jedenfalls
scheiterte ich mit dem Versuch, seine gesungenen und gespro-
chenen Monologe in ein Gespräch zu überführen. Fragen und

Einwände sagte ich auf der Treppe vor mich hin, weil ich sie in seiner Küche nicht hatte loswerden können; ich prägte sie mir ein bis zum nächsten Besuch, der ebenso monologisch verlief, bis sich die ungesagten Sätze auf der Treppe stapelten und mir schließlich ganz den Weg zu ihm verstellten. Als sich – nach seinem ersten Auftritt im Westen – ein Bekannter über Biermanns Fähigkeit wunderte, sich in einem Konzertsaal mit fünftausend Zuhörern wie in einem Wohnzimmer zu bewegen, fiel mir ein, daß er sich in seinem Wohnzimmer benehmen konnte, als säßen fünftausend Leute vor ihm.

Erst bei späteren Besuchen in Ostberlin entstand ein gespaltenes Erstaunen, in dem sich zwei Empfindungen wechselseitig verstärkten. Die halbe Stadt hinter der Mauer kam mir vom ersten Augenblick an vollkommen bekannt vor. Nicht nur die Mülltonnen, die Treppenhäuser, die Türklinken, die Heizungskörper, die Lampenschirme, die Tapeten, auch das gedämpfte, mißtrauische Leben drüben schien mir zum Gähnen vertraut. Dies war die Schattenstadt, die Nachgeburt, die Notausgabe von Westberlin. Der Neigung zum Wiedererkennen widersprach der Eindruck, zu plötzlich auf einem anderen Planeten gelandet zu sein. Das Leben dort war nicht nur der äußeren Organisation nach verschieden; es gehorchte bis in die Reflexe hinein einem anderen Gesetz, das durch den Hinweis auf den Unterschied der Gesellschaftssysteme und ihres Entwicklungstempos zu rasch benannt war. In New York würde ich mich besser zurechtfinden als in der halben Stadt, die fünf Kilometer Luftlinie von meiner Wohnung entfernt war.

Dieses andere Gesetz im ähnlichen Leben war den Bewohnern der Halbstadt längst nicht mehr äußerlich. Es blieb auch bei denen in Kraft, denen der »Antrag auf die Entlassung aus der Staatsbürgerschaft der DDR« schon vor Jahren quittiert worden war. Im politischen Meinungsaustausch trat dieses Andere nur oberflächlich zutage. Es sprach sich eher in Halbsätzen aus, in einer Geste, die etwas ungesagt ließ, in einem Lachen an ungewohnter Stelle, in der Art, aus den Augen zu schauen. Nicht nur Redeweisen, sondern auch bestimmte Gesichtsfalten ließen sich in Deutschland den Himmelsrichtungen zuordnen.

Solche Eindrücke waren rasch wieder vergessen; im Laufe der Jahre summierten sie sich zu einer Irritation. Daß es gelungen war, in einem Volk, an dessen Wesen einmal die Welt genesen sollte, innerhalb von dreißig Jahren zwei entgegengesetzte Gesellschaftssysteme zu etablieren, war vielleicht schon erstaunlich genug. Erstaunlicher war, in welchem Maß dieser äußere Gegensatz in das Verhalten und in die Reflexe jedes einzelnen eingedrungen war.

Solange sich diese Irritation auf die Deutschen hinter der Mauer beschränkte, war sie kaum mehr als ein Besuchserlebnis. Aber der Verdacht, die Individuen in Deutschland seien auf eine schreckliche Weise verwechselbar, läßt sich nicht an der Grenze abfertigen. Die Erkenntnis von der Formbarkeit des einzelnen in diesem Land erkennt die Mauer nicht an und sucht früher oder später die Ich-Form: Was wäre aus mir geworden, wie würde ich denken, wie sähe ich aus, wenn.

Das Mietshaus, in dem ich parterre wohne, ist um die Jahrhundertwende erbaut worden. Damals diente die vordere, der Straße zugewandte Seite des Hauses Leuten zur Wohnung, die man Herrschaften nannte, ebenso die Seitenflügel. Der Hinter- oder Gartenhaus genannte Teil war für das Dienstpersonal bestimmt, das an einem von Hammacher & Pätzold K.G. hergestellten Klingelapparat ersehen konnte, ob das Speise-, Wohn- oder Schlafzimmer zu bedienen war. Nach dem zweiten der großen Kriege zog die Demokratie in Gestalt einer Trennmauer in die Mietshäuser ein: die Türen zwischen Vorder- und Hinterhauswohnung wurden zugemauert. Von nun an entschied statt Geburt und Stand das Einkommen darüber, wer den Vorder- und wer den Hintereingang benutzte.

Der Verputz des Hauses hat die sandige Graufarbe, die den Grundton in Berlin abgibt, und ist seit Jahrzehnten nicht erneuert worden. Niemand kann sagen, ob die Einschußlöcher an der Rückseite des Hauses aus dem 2. Weltkrieg oder aus den

Straßenschlachten der zwanziger Jahre stammen. Die Fenster meiner Hinterhauswohnung zeigen auf einen kleinen, rechteckigen Garten, der durch eine zwei Meter hohe Mauer vom Garten der benachbarten Wohnburg abgeteilt ist. In einer kaminartigen Ausbuchtung steht zwischen fensterlosen Brandmauern ein Ahorn, der erst in der Höhe des vierten Stockwerks, wo er für einige Stunden am Tag das Sonnenlicht erreicht, Blätter treibt. Längs der hinteren Hauswand sind Beete durch Steine markiert; in den Beeten wachsen manchmal und überraschend Blumen und seltsame Sträucher, deren Namen niemand kennt. In der Regel aber läßt der ständig rieselnde Kalk nur Unkraut gedeihen und strauchartige Essigbäumchen, deren dünne Blätter nie gelb werden und erst kurz vor dem ersten Schnee abfallen. Dieses Essiggewächs schlägt überall Wurzeln und scheint unverwüstlich; in seiner einfachen Organisation, womöglich auch seinem geologischen Alter nach vertritt es die Stelle der Küchenschaben in der Pflanzenwelt.

Die Wände des ersten und des zweiten Innenhofs stehen so nah beieinander, daß die Mieter der unteren Wohnungen den Kopf zum Fenster herausstrecken müssen, um etwas über die Beschaffenheit des Himmels zu erfahren. Andererseits gewähren diese Hinterhauswohnungen auch mitten in der Stadt eine Ruhe, die bei anderen Völkern nicht einmal auf dem Land anzutreffen ist. Das hängt vermutlich mit der Gewohnheit der Deutschen zusammen, die eigenen Geräusche immer auch mit den Ohren der Nachbarn zu beurteilen – eine Rücksicht, zu der schon die Dreijährigen erzogen werden.

Die beiden Parterre-Wohnungen des Vorderhauses sind samt den Seitenflügeln an zwei Kneipenwirte vermietet. Während der eine Wirt sich mit seiner Küche und auch mit seinen Preisen an ein Publikum wendet, das mit Fahrrädern und Mopeds vorfährt, setzt der andere auf Gäste, die inzwischen von Bolivien eher kulinarische als politische Sensationen erwarten. Ich unterscheide beide Gästegruppen nur an den Spuren, die sie an meinem Citroen hinterlassen. Die Liebhaber der lateinamerikanischen Küche dellen beim Ausparken die Kotflügel ein, die Freunde von Pommes frites und Schnitzel zerschlagen das Seitenfenster und klauen die Stereoanlage.

Die Wirte haben seit einem Jahrzehnt die Kassetten nicht erneuert; wenn ich den Hof durchquere, höre ich immer dieselbe Musik: von links die hohlen Windlaute der Bambusflöte, von rechts die Baßgitarren der Rolling Stones. Da ich, um auf die Straße zu gelangen, zwischen dem Müll beider Kneipen hindurch muß, habe ich sie nie betreten. Der Unterschied zwischen der deutschen und der lateinamerikanischen Küche wird nichtig, wenn man die Mülleimer sieht. Beide Köche überfüllen sie mit den gleichen Tomatendosen, verschimmelten Paprikafrüchten, keimtreibenden Kartoffeln, von Würmern und Maden bevölkerten Koteletts, gelben und roten Soßen, die sich aus den immer aufplatzenden blauen Plastiksäcken über den Hof ergießen.

Als ich einen Mülleimer einmal bis obenhin mit leeren Kittekatdosen gefüllt fand, schöpfte ich Hoffnung, einem der beiden Wirte das Handwerk zu legen. Es gibt im ganzen Haus keine Katze mit fester Adresse; so blieb nur der Schluß, daß entweder deutsche Buletten oder bolivianische Fleischaufläufe mit Katzenfutter angereichert wurden. Der Versuch, eine Spur von dem Mülleimer zu einer der beiden Küchen zu legen, schlug jedoch fehl: beide Köche verwenden die gleichen Zutaten, und die Gewürzgurkengläser und Ketchupflaschen zwischen den Kittekatdosen ließen sich für einen Indizienbeweis nicht gebrauchen.

Die Mieter begegnen sich selten; ich kenne sie vor allem von ihren Geräuschen. Einige davon sind so regelmäßig, daß ich die Uhr danach stellen kann. In der Wohnung über mir ertönt jeden Morgen, als würde ein Gasofen explodieren, deutsches Schlagergebrüll, dann trappelt es, und das Gerät wird leiser gestellt. Es dauerte lange, bis ich diesem Geräusch ein Gesicht zuordnen konnte; jemanden, der sich von so einem Knall wecken ließ und den Tag mit einem Sprint vom Bett zum Radiowecker begann, wollte ich auch nicht kennenlernen. Irgendwann stand dann ein Kinderwagen im Hausflur, und ich dachte, daß der Radiowecker jetzt vielleicht überflüssig würde.

Daß es auf zehn zuging, merkte ich bis vor kurzem an Geigentönen, die aus einem Fenster der oberen Stockwerke herüberwehten. Zuerst glaubte ich, jemand teile mit mir die Vorlieben für gewisse Schallplatten: die E-Dur-Partita von Bach, La Folia von Corelli, die Etüden von Szernick, der langsame Satz des Mendelssohn-Violinkonzertes. Später sah ich einen kleinen, sehr dünnen Mann, viel zu alt für ein Orchestermitglied, mit einem schwarzen Geigenkasten zwischen den Mülltonnen hindurchhuschen. Ich sah ihn vielleicht viermal, dann nicht mehr. Eines Tages begann ich die Übungen zu vermissen; als ich nach dem Mann mit Geigenkasten fragte, war er längst von einem Leichenwagen abgeholt worden. Seither fehlt mir zwischen dem Schlagergebrüll am Morgen, dem Ächzen der Tauben, dem Kotelettgeklopfe, das pünktlich abends um sieben in der deutschen Küche beginnt, ein Geräusch.

Der einzige Mensch im Haus, der wirklich auffällt, ist ein etwa siebzigjähriger Mann, der direkt hinter den Mülleimern der lateinamerikanischen Küche wohnt. Alle Fenster seiner Wohnung gehen auf den dunklen Innenhof; aus ihrer Zahl zu schließen, besteht sie nur aus Küche, Zimmer und Toilette. Unter allen jungen und alten Schatten, die an den Mülleimern vorbeigehen, ist dieser Mann bei weitem die heiterste Erscheinung. Nie habe ich ihn anders als festlich gekleidet gesehen: er trägt einen Seidenschal über dem frischen Hemd, zu jeder Jahreszeit ist sein Gesicht braungebrannt, und wenn ich ihn grüße, bleibt er stehen und lächelt mich an, als müßte meinem Gruß etwas folgen. Sehr aufrecht und ohne die Nase zu verziehen, schreitet er zwischen den Mülltonnen hindurch und betritt die beiden von Tauben verschissenen Stufen zur Wohnungstür mit einer Würde, als ständen hinter der Tür zwei Diener, die ihm die Jacke abnehmen und gleich ein Bad einlassen. Als ich einmal zusah, wie er, den Schlüssel im Türschloß, den Kopf noch einmal wendete und mir zunickte wie einem Komplizen seiner Freundlichkeit, dachte ich, daß ich ihm folgen müßte. Hinter seiner Tür mußte irgendein Geheimnis verborgen sein, eine Anweisung zur Heiterkeit, zum angstfreien Leben.

Von meiner Wohnung sind es nur ein paar Schritte zu Robert. Manchmal treffen wir uns in einem Café zum Frühstück, manchmal am Nachmittag zu einem Brühkaffee in seiner Wohnung, ziemlich sicher am Abend bei Charlie. Der Spielautomat bei Charlie piepst noch nicht elektronisch, und wenn sich die Kugel den Flippern nähert, werfen wir das ganze Körpergewicht gegen den Kasten. Der ganze Automat reagiert so langsam, daß man nie den Verdacht los wird, er funktioniere nach dem Prinzip des Flaschenzugs.

Ich kenne Robert aus Ostberlin, und ich wußte gleich, daß ich ihn zum Freund gewinnen wollte. Ich mochte seinen schnellen, seltsam verbohrten Blick und die Art, wie er die Schultern bis zu den Ohren hochzieht, wenn er etwas erklärt. Robert spricht nicht mit jedem, aber wenn er mit jemandem spricht, dann so, als existierte niemand im Raum als der Angesprochene und er. Obwohl er nicht klein ist, schafft er es immer, einen von unten anzusehen, und manchmal strahlt etwas in seinen Augen auf; dann schießen die Körner der Iris in einem Feuerwerk auseinander, bevor sie sich wie ein Splitterregen nach einer Explosion wieder um die Pupille gruppieren.

In der DDR gibt es keine Spielautomaten. Schon ein paar Monate nach seiner Ankunft im Westen zeigte Robert mir bei Charlie den Punkt am Flipper, wo man die Kugel erwischen muß, um sie auf die günstigste Umlaufbahn schießen zu können. Er machte mir vor, wie man sie abfängt und langsam am Flipper zurückrollen läßt bis zu dem Punkt, von dem aus die Zielscheiben zu treffen sind. Er hatte herausgefunden, bis zu welcher Grenze sich der Apparat anschubsen ließ, ohne den Spieler durch ein TILT zu bestrafen. Wir spielen entweder um die nächste Runde Getränke oder um den Einwurf; der Unterschied ist, daß ich mit den Händen spiele und Robert mit dem Körper, und meistens verliere ich. Es gibt andere Spiele, Spiele mit Bällen, die ich besser beherrsche, aber die machen Robert keinen Spaß.

Bei Charlie erzähle ich Robert, daß ich angefangen habe, Geschichten über die geteilte Stadt zu sammeln.

»Interessiert dich das wirklich?« fragt er. »Wen kümmert die Teilung außer ein paar Politikern, die auch nur so tun, weil sie von Leuten gewählt werden wollen, die erwarten, daß sich wenigstens die Politiker für die deutsche Frage interessieren.«

Robert und ich reden normalerweise in der ersten Person Singular miteinander. Aber es gibt Situationen, in denen einer von beiden in den Ihr-Ton verfällt. Robert hat nicht »eure« deutsche Frage gesagt, ich aber höre den Plural. Den Ausdruck »deutsche Frage« kennt die DDR-Sprache nicht, weder die offizielle noch die Umgangssprache. Wenn Robert ihn zitiert, so assoziiert er mein Vorhaben offenbar mit der Haltung jener Politiker im Westen, denen er schon im Osten nicht glaubte. Tatsächlich formuliert seine Frage einen eigenen Zweifel. Ich bin mir meines Vorhabens nicht sicher. Nicht die Empfindung einer unerträglichen Situation hat mich dazu gebracht, sondern das Mißtrauen in die Abwesenheit einer solchen Empfindung. Aber das Vertrackte an Roberts Zweifel ist eben, daß gerade er, der ihn äußert, von den Auswirkungen der Teilung sichtbarer betroffen ist als ich.

Nach seiner Übersiedlung in den Westen wurde Robert mit so vielen Fragen zu diesem Thema bombardiert, daß er beschloß, die Antwort zu verweigern. Das Interesse, das war leicht zu merken, galt nicht dem Poeten, der in der DDR nicht mehr veröffentlichen konnte, sondern dem politischen Fall, und zu dem billigen Identitätszuwachs, den die westdeutsche Öffentlichkeit aus jedem Übersiedler herauszuschlagen versucht, mochte Robert nichts beitragen. Da die Erkundigung nach seinen Eindrücken im Westen meist mit der Hoffnung auf ein Bekenntnis zur westlichen Lebensform verknüpft war, zog er es vor, sich einen Ort im Niemandsland zwischen den Grenzen zu suchen. »Zwischen Erna und Rita«, sagt er zu mir, »da entscheid' ich mich nicht, da wichs' ich mir lieber einen.« Andererseits kann er sich über kaum etwas so erregen wie über die westdeutsche Ignoranz gegenüber den Brüdern und Schwestern im Osten. Als der westdeutsche Kanzler die Ausstrahlung einer amerikanischen Fernsehserie über den Holocaust zum Anlaß

19

nahm, dem Staatsratsvorsitzenden der DDR eine Übernahme der Serie zu empfehlen, damit auch das DDR-Fernsehen einen Beitrag zur Vergangenheitsbewältigung leiste, schlug Robert mit der Hand so heftig auf den Tisch, daß er sich einen Bluterguß holte. »Und das empfiehlt ein ehemaliger Offizier der Wehrmacht einem antifaschistischen Widerstandskämpfer, der für seine Überzeugung zehn Jahre im Zuchthaus gesessen hat!«

Diese Fakten aus den Biographien der beiden Politiker waren mir bekannt, aber ich wäre nicht auf die Idee gekommen, sie mit der aktuellen Nachricht zu verknüpfen. Ich verstand Roberts Zorn nur, er hatte ihn. Offenbar waren die historischen Fakten in unserem Bewußtsein unterschiedlich vertreten.

Gleichwohl wehrt Robert jeden Hinweis auf solche Unterschiede zwischen uns ab. Mit nichts kann ich ihn so ärgern wie mit der Bemerkung, irgend etwas an ihm sei typisch DDR. Dabei wirkt wohl die Erfahrung nach, daß sich in der Feststellung des Unterschieds oft nur eine milde Form der Geringschätzung verbirgt. Meiner Bereitschaft, in allem, was mir an Robert fremd ist, die Spuren einer anderen Sozialisation zu erkennen, begegnet er dadurch, daß er die Ähnlichkeit zwischen uns betont. Der Umzug von Ost- nach Westberlin, sagt er dann, habe ihn vermutlich weniger Nerven gekostet als mich der Wechsel von der süddeutschen Provinz in die preußische Metropole. Er habe schließlich die Straßen gekannt, den Tonfall des Zeitungsverkäufers, den Dunst in der Bierkneipe, den Hausmeisterblick.

Tatsächlich fand er sich nach drei Monaten in Westberlin besser zurecht als ich mich nach drei Jahren. Er hatte kaum eine Wohnung bezogen, da hatte er schon die Kneipe ausfindig gemacht, in der er anschreiben lassen konnte. Wenig später nahm er mich zu einem Buchhändler mit, der ihm Rabatt einräumte; einige Monate danach vermittelte er mir seinen Steuerberater. Irgendwann rief er dann aus den USA an und redete mir den Reflex aus, während des Telefongesprächs auf die Uhr zu schauen: er kannte schon nach zwei Tagen den Trick, wie man von Amerika aus in alle Welt umsonst telefoniert.

Das alles beweist nur, daß wir befangen sind: ich mit meiner Neigung, Robert auf seine Herkunft aus der DDR festzulegen, er mit der gereizten Abwehr jeder Anspielung auf diese Herkunft.

In dem Gespräch mit Robert ist klarer geworden, was ich suche: die Geschichte eines Mannes, der sein Ich verliert und anfängt, niemand zu werden. Aus einer Verkettung von Umständen, die mir noch unbekannt sind, wird er zum Grenzgänger zwischen beiden deutschen Staaten. Zunächst ohne Absicht beginnt er, einen Vergleich anzustellen, und wird dabei unmerklich von einer Krankheit erfaßt, vor der die Bewohner mit festem Wohnsitz durch die Mauer geschützt sind. Am eigenen Leib und wie im Zeitraffertempo erlebt er den Teilungsprozeß, bis er glaubt, nachträglich eine Entscheidung treffen zu müssen, die ihm bisher durch Geburt und Sozialisation abgenommen war. Je öfter er aber zwischen beiden Hälften der Stadt hin und her geht, desto absurder erscheint ihm die Wahl. Mißtrauisch geworden gegen die hastig ergriffene Identität, die ihm die beiden Staaten anbieten, findet er seinen Ort nur noch auf der Grenze. Und wenn der Philosoph recht hat mit der Behauptung, ein Witz sei immer der Epitaph auf den Tod eines Gefühls, so kann die Geschichte eigentlich nur eine Komödie werden.

Ein möglicher Name für diesen Mann wäre Gerhard Schalter. Der Name verbindet sich mit dem Vermieter meiner ersten berliner Wohnung, dessen Spur ich seit vielen Jahren aus den Augen verloren habe. Vor jenem Abend, an dem ich zum ersten Mal seine Wohnung betrat, waren mir an ihm nur der schwäbische Dialekt aufgefallen, der im Treppenhaus widerhallte, und ein Lächeln, durch das er auf jedes Ereignis vorbereitet schien. Eine ständige Vorfreude erhellte sein Gesicht, und wenn ich ihn fragte, wie es ihm gehe, sah er mich an, als wolle er prüfen, ob ich eine ernsthafte Antwort ertragen könne.
»Wissen Sie«, sagte er einmal, »es geht mir wahnsinnig gut! Heute morgen zum Beispiel bin ich um sechs aufgewacht und konnte den Tag kaum erwarten. Ich habe genau die Arbeit, die

mir gefällt, ich verstehe mich prächtig mit meinen Vorgesetzten, ich habe die wunderbarsten Menschen zu meinen Freunden und, als wäre das nicht genug, habe ich jetzt auch die Frau gefunden, die ich immer gesucht habe. Jeder Tag bringt eine neue, angenehme Überraschung, und wenn ich schlafen gehe, kann ich es kaum erwarten, bis wieder der Wecker klingelt. Schade, daß man überhaupt schlafen muß. Finden Sie nicht?«

Der Hinterausgang von Schalters Wohnung lag direkt neben der Tür zu meiner Wohnung. Eines Abends klingelte Schalter und fragte, ob ich schon zu Abend gegessen hätte. Ich nahm die Einladung an und folgte Schalter durch einen endlosen weißgestrichenen Gang ins Berliner Zimmer. Was sofort auffiel, war der Umstand, daß ein so kleiner Mann eine so riesige Wohnung bewohnte. Schalter hatte nicht nur die Vorderhauswohnung, sondern auch den ganzen Seitenflügel des Hauses gemietet. Alle Wände und Türen waren frisch gestrichen, Elektrokabel neu verlegt und noch nicht überall angeschlossen, Haken für künftige Bilder waren eingeschlagen, der Geruch frischen Holzlacks hing im Raum. Im Berliner Zimmer stand ein mit einem weißen Tischtuch gedeckter Architektentisch, das Zweierservice und die brennenden Kerzen ließen auf ein Festmahl mit mehreren Gängen schließen.

Ich setzte mich auf den angebotenen Stuhl, und während Schalter durch den Flur zur Küche zurückeilte, kam ich mir vor wie ein Reisender, der in einer Wartehalle eine Hochzeitsgesellschaft erwartet. Tausende von Hoffnungsbakterien schwirrten durch den Raum; es fehlte nur noch der Lautsprecher, der die Ankunft verkündete. Schalter kam mit Weinbergschnecken zurück, ließ den Sektkorken knallen, und als er sein Glas meinem Glas näherte, brachte ich einen Toast auf den Gast aus, den ich offensichtlich ersetzte. Schalter wurde keinen Augenblick unsicher. Im Gegenteil, um seinen Mund bildete sich sofort das siegreiche Lächeln, und wenn ein Zweifel in seinen Augen zu lesen war, bezog er sich einzig auf die Frage, ob ich seiner Antwort gewachsen wäre.

»Kennen Sie das, daß man in ein Gesicht schaut, und das ganze Leben verändert sich?« fragte er.

Im Lauf unseres Gesprächs, das eher ein Monolog war, stellte sich dann heraus, daß Schalter soeben vom Flughafen Schönefeld zurückgekehrt war. Das Flugzeug, das Schalter erwartet hatte, war angekommen, aber das erhoffte Gesicht war nicht unter den Aussteigenden. Es war eine komplizierte Geschichte. Schalter erwartete eine Frau, die mit einem in Afrika tätigen deutschen Fernsehkorrespondenten verheiratet war. Die Vereinbarung war, daß sie ihren Mann in Afrika lassen und mit dem Kind in Schalters Schöneberger Wohnung einziehen würde. Aber die Abreise verschob sich von Mal zu Mal. Der Mann habe Beziehungen zu den höchsten Stellen, es koste ihn nur einen Telefonanruf, Grenzbeamte wie Fluggesellschaften zu seinen Verbündeten zu machen, jedenfalls sei er imstande, die Flucht seiner Frau zu verhindern; Schalter war überzeugt, daß der Mann sie wie ein Tier gefangen halte, mit Gewalt und Erpressung. Wahrscheinlich würde er selber hinfahren müssen, um die Geliebte zu befreien.

Nach diesem Abendessen sah ich Schalter in Abständen, die immer größer wurden. Obwohl er immer noch jenen inneren Glanz in den Augen hatte, fragte ich ihn nicht mehr so leichthin, wie es ihm gehe. Etwas in seinem Äußeren veränderte sich. Nicht nur, daß er sich einen Bart wachsen ließ oder sich einfach nicht mehr regelmäßig rasierte; es schien ihm auch gleichgültig zu werden, ob sich eine Sohle vom Schuh löste oder eine Hemdnaht aufgeplatzt war. Die Poren in seinem Gesicht waren größer geworden, auch die Karos in seinen Hemden. Überhaupt kamen mir seine Hemden und vor allem die Schuhe so vor, als trage er die Sachen eines Verwandten auf, der in den fünfziger Jahren verstorben war. Wo immer er gerade herkommen mochte: das Hotel, in dem er als Inneneinrichter arbeitete, konnte es nicht sein, eher der Flughafen Schönefeld.

Offenbar hatten sich seine Reisen nach Ostberlin, die zunächst immer vom gleichen Zweck bestimmt waren, von ihrem Anlaß gelöst. Besuche bei Freunden, die er drüben allmählich gewann,

wurden häufiger, schon deshalb, weil es über den Schwarz-
marktkurs billiger war, von einem östlichen Anschluß nach
Afrika zu telefonieren. Bei diesen Besuchen machte er dann die
Erfahrung, daß auch das Bier und das Essen drüben erschwingli-
cher sind. Aus den Besuchen wurden Übernachtungen, und
manchmal, wenn ich ihn länger nicht sah, fragte ich mich, ob er
ganz drüben geblieben war. Die billigeren Lebenskosten im
Osten, die Schalter den Unterhalt der teuren Westwohnung
erleichterten, brachten ihn wie von selbst zu einer Einsicht in die
Vorteile des Gesellschaftssystems im anderen Teil der Stadt.
Immer öfter beklagte er den erbarmungslosen Konkurrenz-
kampf im Westen, den Verlust von Solidarität und Hingabefä-
higkeit. Er schwärmte von der Unberührtheit der Seen und
Dörfer in der DDR, die ihn an seine Kindheit in Süddeutschland
erinnerten, auch die Frauen drüben schienen ihm zuverlässiger;
mit wachsender Detailkenntnis sprach er von der ungebroche-
nen Macht alter Nazifunktionäre im Westen. Allmählich gewann ich den Eindruck, daß Schalter sein äußeres, schließlich
sein inneres Leben immer mehr in den anderen Teil der Stadt
verlegte. Anscheinend kam er nur noch nach Westberlin, um
nach der Post zu sehen und ein paar Geschenke für die Freunde in
Ostberlin einzukaufen.
An die Schöneberger Wohnung schien ihn nur noch eine trotzige
Hoffnung zu binden, die ihm allmählich so hohl vorkommen
mußte wie der Lichterglanz am Kurfürstendamm.
Eines Tages kam ein Möbelwagen und holte seine Sachen ab.

Seit ich in Westberlin lebe, ist das Bauwerk, das drüben als
Staatsgrenze und hüben als Sehenswürdigkeit gilt, für mich nur
ein Grund zum Abbiegen gewesen. Zum ersten Mal entschließe
ich mich nun zu einem Besuch an der Mauer. Aus einem Bus
sehe ich eine Reisegruppe aussteigen und sofort die Treppe zu
einem Aussichtsturm nehmen; oben setzen einige die Ferngläser
an die Augen und beginnen zu winken. Was sie sehen, ist eine
Reisegruppe auf der anderen Seite der Mauer, die gerade aus
einem Bus des gleichen Reiseunternehmens steigt und winkt.

Beide Reisegruppen nehmen nun den zwischen ihnen stehenden Wachturm ins Visier. Was sie dort sehen, nachdem sie die Schärfe eingestellt haben, sind Ferngläser, an denen gerade die Schärfe eingestellt wird. Andere Reisende haben inzwischen ihre Kameras schußfertig gemacht. Mit dem Kameraauge folgen sie dem Finger des Führers, der auf eine östliche Häuserfront zeigt. Eine Frau putzt Fenster, ein kleiner Junge spielt auf einem Balkon, auf einem anderen Balkon hält ein älterer Mann seinen Mittagsschlaf. Die Kameras klicken. Wie die Frau bemerkt, daß sie betrachtet wird, hält sie inne und beginnt, ihrerseits herüberzustarren. Ich möchte wissen, was sie von ihrem Fenster aus sehen kann, und drehe mich um. Ich sehe einen Mann in einem graugrünen Jackett mit einer Plastiktüte in der Hand. Er will über die Straße gehen und wartet, bis ein roter Opel vorbeigefahren ist. Auf der anderen Straßenseite wartet eine Frau, aber nicht auf den Mann. Sie hält eine Leine in der Hand und sieht einem grauen Köter zu, der sich wenige Meter neben ihr auf seine Hinterpfoten stemmt und drückt. Bevor der Mann die andere Straßenseite erreicht hat, bleibt er stehen. Ich habe den Eindruck, er schaut in die Richtung des Aussichtsturmes, von dem aus ich ihn betrachte. Ich drehe mich wieder um und folge dem Finger des Führers, der jetzt auf eine kaum erkennbare Erhebung von graubrauner Färbung weist. Diese Erhebung, die kaum den Namen Hügel verdient, liegt inmitten des Sperrbezirks und ist den Bewohnern diesseits und jenseits der Mauer gleich unzugänglich. Der Führer erklärt die Stelle in drei fremden Sprachen, in denen immer ein deutsches Wort wiederkehrt: Führerbunker. Die flüsternde Wiederholung des Wortes durch die Reisenden, das Klicken der Kameraverschlüsse, die Wachtürme: all das verleiht dem Hügel die Macht eines geweihten Ortes. Für einen Augenblick entsteht das Bild eines Heervolks, das links und rechts um den Befehlsstand des Feldherrn in Schlaf gesunken ist und noch immer auf eine Weisung wartet.

Am Abend berichtet der Nachrichtensprecher des Fernsehens von einer UNO-Resolution, die den Einmarsch sowjetischer

Truppen in Afghanistan als eine Einmischung in die inneren Angelegenheiten dieses Landes verurteilt. Im Bild werden Kolonnen russischer Panzer gezeigt, die durch die Hauptstadt rollen. Der Nachrichtensprecher weist darauf hin, daß diese Bilder seit Wochen nicht in den Ostmedien zu sehen sind.

Kurz danach wechsele ich das Programm. Wieder sitzt ein Nachrichtensprecher vor einer Weltkarte und verliest Nachrichten. Er trägt dieselbe Krawatte, denselben Sakko, hat dieselben Haarecken und spricht dieselbe Sprache wie der Sprecher im anderen Programm. Er zitiert einen Kommentar der Prawda, der die UNO-Resolution als Einmischung in die inneren Angelegenheiten Afghanistans verurteilt. Im Bild sind amerikanische und chinesische Waffen zu sehen, die von afghanischen Soldaten erbeutet wurden. Der Sprecher weist darauf hin, daß diese Bilder in den Westmedien nicht gezeigt werden.

Wie ich den Fernseher abschalte, sehe ich für den Bruchteil einer Sekunde den Schatten des Kollegen vom Westprogramm; dann wird die Mattscheibe grau.

Karl Marx' spöttischer Satz »Ein Gespenst geht um in Europa – das Gespenst des Kommunismus« ist durch die Geschichte um jeden Witz gebracht. Das Gespenst ist östlich der Elbe seßhaft geworden und sieht tatsächlich zum Fürchten aus. Daß es, obwohl es sich zum Staat ausgewachsen hat, immer noch nichts weiter sei als ein Gespenst, werden politische Exorzisten nicht müde, uns zu versichern. Das ändert nichts an der Tatsache, daß auch sie sich längst an den Anblick gewöhnt haben; sie geben sich nur noch an Feiertagen erschreckt.

Nachdem das Gespenst weder durch Anführungszeichen noch durch das vorgehaltene Adjektiv »sogenannt« noch durch das Herbeten der Hallsteindoktrin zu vertreiben war, wurden Verhandlungen mit ihm aufgenommen. Die deutsche Frage hat also in dreißig Jahren Speck angesetzt, und man kann nicht behaupten, daß sich die Deutschen westlich der Elbe sonderlich damit quälen. Es gibt Beauftragte, die sich mit dieser Frage beschäftigen; sie haben immer mehr Mühe, ihr Publikum wach zu halten.

Zwar hat die Verfassung eine Lösung der deutschen Frage in Auftrag gegeben, aber die Erregung in Parlamentsdebatten, das Ringen um Begriffe wie »Wiedervereinigung« und »Nation« wirken künstlich. Man hat den Eindruck, der 1011. Aufführung eines Repertoire-Theaters beizuwohnen, bei der sich Schauspieler wie Zuschauer heimlich das Gähnen verkneifen. Daß das Stück über die Leiden des geteilten Deutschland trotzdem in Bonn immer wieder nachgespielt wird, scheint sich weniger einem lebendigen Interesse zu verdanken als einer stillen Übereinkunft zwischen Ensemble und Parkett: man spielt das Stück eigentlich gar nicht für sich, sondern für andere, die leider nicht anwesend sein können. Und außerdem: was sollte man sonst spielen.

Man tut gut daran, aus der Häufigkeit öffentlicher Appelle an den Willen zur Einheit und den Fortbestand der Nation nicht auf den Fortbestand entsprechender Gefühle zu schließen. Realistischer erscheint die Annahme, daß sich die meisten Deutschen westlich der Elbe längst mit der Teilung abgefunden haben. In ihrem Trennungsschmerz gleichen sie einem Liebhaber, der nicht so sehr der Geliebten, sondern dem starken Gefühl nachtrauert, das er einmal hatte. In Deutschland, scheint es, heilt die Zeit die Wunden nicht, sie tötet das Schmerzempfinden.

»Du bist dran«, sagte Robert, nachdem er die Kugel, die schon dabei war, ins Aus zu rollen, durch einen kunstvollen Schlag auf den Automaten von der eingeschlagenen Bahn abgebracht und für weitere 25 000 Punkte im Spiel gehalten hat. Sein Vorsprung ist nicht mehr aufzuholen, und ich sage dem Wirt, was ihm nichts Neues mehr ist: »Die Runde auf mich.«
Neu ist nur das Getränk, das Robert bei ihm bestellt: Wodka. Seit er in Westberlin ist, hat er schon mehrere Getränkesorten ausprobiert und zu den einzig trinkbaren erklärt. Auf die Whiskyperiode folgte die Sherryzeit, die Sherryzeit wurde von der Kognaksaison abgelöst, die nach einem kurzen und lustlosen Ginintervall in die Sektepoche mündete. Die Sektepoche schien endgültig. Wodka jedenfalls hielt ich für ganz erledigt.

»Mein Gott ja, ich weiß, was du schon wieder denkst! Es hat aber gar nichts mit Nostalgie zu tun! Wodka ist einfach, alles in allem, das beste Getränk. Und das gesündeste außerdem!«

Ich bestelle ebenfalls einen Wodka und erzähle Robert die Geschichte von Gerhard Schalter, meinem ersten Vermieter. Robert hört aufmerksam zu, überlegt eine Weile, bestellt die nächste Runde Wodka und Bier und fragt dann, ohne ein Wort über Schalter zu verlieren: »Kennst du die Geschichte von Kabe und seinen fünfzehn Sprüngen?«

Herr Kabe, Mitte vierzig, arbeitslos, Sozialhilfeempfänger, fiel zum ersten Mal polizeilich auf, als er, von Westen Anlauf nehmend, die Mauer mitten in Berlin in östlicher Richtung übersprang. Dicht an der Mauer hatte er ein Gelände entdeckt, auf dem Trümmerreste eine natürliche Treppe bildeten, die er soweit hinansteigen konnte, daß er sich nur noch mit den Armen hochzustemmen brauchte, um sich auf die Mauer zu schwingen. Andere Berichte wissen von einem VW-Transporter, dessen Dach Kabe als Sprungbrett benutzt haben soll. Wahrscheinlicher ist, daß er auf diesen Einfall erst später kam, als die Behörden seinetwegen Aufräumungsarbeiten veranlaßten.

Oben stand Kabe eine Weile im Scheinwerferlicht der herbeigeeilten Weststreife, ignorierte die Zurufe der Beamten, die ihm in letzter Minute klar zu machen versuchten, wo Osten und Westen sei, und sprang dann in östlicher Richtung ab. Die Grenzer des anderen deutschen Staates nahmen Kabe als Grenzverletzer fest. Aber auch in stundenlangen Verhören ließ Kabe weder politische Absichten noch einen ernsthaften Willen zum Dableiben erkennen. Gefragt, wer ihn geschickt habe, antwortete Kabe, er komme im eigenen Auftrag und habe nur auf die andere Seite gewollt. Im übrigen ermüdete er seine Vernehmer, die von ihm wissen wollten, warum er nicht einen Grenzübergang benutzt habe, mit der wiederholten Erklärung, er wohne genau gegenüber, und der Weg über die Mauer sei der einzig gerade.

Seine Vernehmer wußten keine bessere Erklärung für diese merkwürdige Verkehrung der Sprungrichtung, als daß bei Kabe mehrere Schrauben locker säßen. Sie brachten ihn in die psychiatrische Klinik Buch. Aber auch dort konnten die Ärzte an Kabe nichts außer einem krankhaften Bedürfnis zur Überwindung der Mauer entdecken. In der Klinik genoß Kabe die Sonderstellung eines Sperrbrechers, der mit seinem Sprung die Himmelsrichtungen neu benannt hatte.

Nach drei Monaten wurde Kabe wohlgenährt der Ständigen Vertretung der Bundesrepublik Deutschland übergeben. Sie brachte ihn im Dienstmercedes nach Westberlin zurück. Dort las er, ohne eine Gemütsbewegung zu zeigen, die Zeitungsartikel, die ein Nachbar gesammelt hatte, und schloß sich in seiner Kreuzberger Wohnung ein.

Die Einschätzung in den östlichen Blättern schwankte zwischen »Grenzprovokateur« und »verzweifelter Arbeitsloser«; ein westliches Bildblatt spekulierte, daß Kabe von östlichen Geheimdiensten für seinen Sprung bezahlt worden sei, um endlich einmal im Osten einen Flüchtling vorweisen zu können, den man nicht nur von hinten sehe. Diese Vermutung erhielt neue Nahrung durch den Bericht eines Journalisten, der den in Kreuzberg unerreichbaren Kabe in Paris ausfindig gemacht haben wollte. Unmittelbar nach seiner Rückkehr habe sich Kabe in die französische Metropole abgesetzt und in einem einschlägigen Stadtviertel Rechnungen quittiert, die mit einer Sozialrente kaum zu bestreiten seien.

Wahr an dieser Geschichte war soviel, daß Kabe, nachdem er drei Monate in der psychiatrischen Klinik im Osten umsonst verpflegt worden war, auf seinem Konto in Westberlin drei Monatszahlungen seiner Sozialrente vorfand. Diesen Betrag hob er ab, um sich einen alten Wunsch zu erfüllen, und löste eine Schlafwagenkarte nach Paris. Sicher ist auch, daß Kabe, nachdem er sich auf Kosten beider deutscher Staaten in Paris erholt hatte, nach Westberlin zurückkehrte und sofort wieder sprang.

Nach wiederum drei Monaten zurückgebracht, erwies sich Kabe als Rückfalltäter. Die Versuche westberliner Behörden,

Kabe juristisch beizukommen, schlugen fehl. Denn Kabe hatte ja eine Staatsgrenze illegal überwunden, die nach Auffassung der westdeutschen Regierung gar nicht existiert. Folgte man dem Sprachgebrauch der Verfassungsrechtler, so hatte Kabe lediglich von seinem Recht auf Freizügigkeit Gebrauch gemacht.

Mit dieser Auskunft mochten sich die westberliner Behörden nicht mehr begnügen, als die ostberliner Klinik Rechnungen über Kabes Aufenthalte vorlegte. Die Westberliner verfielen auf den Ausweg, Kabe wegen Selbstgefährdung in das Krankenhaus Havelhöhe zwangseinzuweisen. Aber auch dieser Einfall hielt näherer Betrachtung nicht stand. Denn Kabe hatte durch seine Sprünge hinlänglich bewiesen, daß ein Überqueren der Mauer in östlicher Richtung möglich war, ohne Schaden an Leib und Seele zu nehmen; nebenbei drang durch seine Sprünge ins Bewußtsein, daß der Grenzstreifen hinter der Mauer im Stadtgebiet nicht vermint ist. Der zuständige Arzt fand an Kabe nichts weiter auszusetzen als den zügellosen Trieb, die Mauer zu überwinden. Statt der Zwangsjacke empfahl er, die Mauer als Grenze kenntlich zu machen. Der Einwand, die Bundesrepublik Deutschland könne nicht einem Kabe zuliebe die Schandmauer als Staatsgrenze anerkennen, hielt den Arzt nicht davon ab, Kabe für zurechnungsfähig zu erklären.

Kabe wurde aus der Klinik entlassen und nahm den geraden Weg. Insgesamt sprang er fünfzehnmal. Er wurde zu einer ernsten Belastung für die deutsch-deutschen Beziehungen. Nach einem seiner letzten Sprünge kamen die Behörden darauf, Kabe fortzubringen, möglichst weit weg von Berlin in stillere Gegenden, wo er seine Sprünge an alten Burgmauern fortsetzen mochte. Im Dienstmercedes wurde er zu Verwandten nach Süddeutschland gebracht, benahm sich dort zwei Tage lang ganz vernünftig, löste am dritten Tag eine Fahrkarte nach Berlin und sprang.

Über die Motive seiner Sprünge befragt, war aus Kabe nichts weiter herauszubekommen als dies: »Wenn es so still in der Wohnung ist und draußen so grau und so neblig und gar nichts ist los, da denke ich: Ach springste wieder mal über die Mauer.«

In der Nacht vor dem Tag, an dem ich das Visum für einen längeren Aufenthalt in der DDR abholen will, träume ich von einer Schiffsfahrt auf einem schlammbraunen Fluß, dessen Wasser bis zum Horizont reichen. Im Heck des Schiffes begegne ich einer Frau mit undeutlichen, wie verwischten Zügen. Ich sehe sie nur von hinten, aber an der Linie des Rückens und dem Fall der Haare erkenne ich Lena, mit der ich die Wohnung bei Schalter in Schöneberg geteilt habe. Ihre Anwesenheit auf dem Schiff erscheint mir wie die Einlösung einer alten, zu oft verschobenen Verabredung. Ich will sie ansprechen, meiner Freude darüber Ausdruck geben, daß wir diese Entdeckungsreise gemeinsam machen, aber bevor ich ihren Nacken berühre, wirft mich eine Woge aus dem Gleichgewicht, ich schlittere über Bord. Obwohl mich die plötzlich reißenden Wasser auf gleicher Höhe mit dem Schiffsheck halten, erreicht meine Hand den Fender nicht mehr. Ich schwimme ans Ufer, Rauch steigt auf zwischen fremdartigen Bäumen, Licht schimmert hinter Fenstern, die Umrisse von Menschen werden erkennbar, ich werde nicht verloren sein. Aber ich werde mich ohne alle Hilfsmittel im Urwald zurechtfinden müssen, alle persönlichen Sachen – Geld, Ausweis, Kleider – sind auf dem Schiff bei Lena geblieben und fahren mit ihr davon.

Ich warte den Morgen ab und rufe Lena an.

Ob ich etwas Bestimmtes vorhabe, will sie wissen, das solle ich gleich sagen.

»Ich möchte dich treffen.«

»Um was zu besprechen?« fragt sie.

»Der bestimmte Grund ist, daß ich von dir geträumt habe.«

»Dann will ich dir sagen, wie es bei mir im Moment aussieht« – und schon zählt sie, Punkt eins, Punkt zwei, Punkt drei, auf, was sie vor einer unmittelbar bevorstehenden Reise noch zu erledigen habe. Nur wenn es etwas Bestimmtes, Unaufschiebbares, ganz Konkretes sei, könne sie sich für einen Augenblick freimachen.

»Nur wenn du meine Hilfe brauchst«, lautet diese Antwort in der Sprache der Erinnerung. Aber in der Zeit, die die Normaluhr anzeigt, gibt es nichts Dringendes und erst recht kein Bedürfnis nach Hilfe, allenfalls einen schwer erziehbaren Wunsch, der aus einem Traum geschlüpft ist und sich vor seiner Übersetzung in die Sprache der Jetztzeit so anhört: »Ich möchte mit dir einen Tag lang das Land besuchen, das du mir als Erste gezeigt hast. Und da wir uns, sobald wir miteinander sprechen, in eine immer größere Ferne hineinreden, möchte ich vorher mit dir schlafen.«

II

Der Bahnsteig am Stuttgarter Platz ist menschenleer bis auf einen Mann, der sich mit einer Hand am Stellbrett eines Kioskes festhält und Wodka trinkt. Keine Wand ist mit Werbung verklebt; nur die Reichsbahn verspricht Sicherheit auf einem kleinen Plakat. Nichts außer dem hohen saugenden Geräusch, an dem ich die S-Bahn unter allen Zügen der Welt erkennen werde, kündigt die Einfahrt eines Zuges an. Niemand steigt aus. Ich muß die beiden Griffe der automatischen Tür wie einen Expander auseinanderstemmen, um sie zu öffnen.

Alte schweigsame Leute, die meisten mit Kunstledertaschen oder Plastiktüten auf dem Schoß, sitzen verstreut auf den Holzbänken. Eine junge Frau in der Uniform der Reichsbahnbeamten erscheint vor dem Fenster und bewegt die Lippen vor einem Sprechfunkgerät; lange, frisch gewaschene Haare quellen unter ihrer Mütze hervor. Nur kurz, während der Zug den Bahnhof verläßt, treten die Häuserwände zurück und geben die Sicht frei auf das verwilderte Bahngelände. Büsche wuchern zwischen den Schwellen, greifen nach der Kupplung eines abgestellten Waggons. Dann kommen die Häuser wieder bis auf Reichweite heran, die Fenster sind blind vom Staub, und die Vorhänge dahinter wirken wie Sichtblenden, nur dazu da, den Blick nach draußen zu verstellen. Je näher die Grenze kommt, desto ähnlicher scheinen die Fahrgäste ihren Bekannten und Verwandten im anderen Teil der Stadt zu werden. Diese Hutfedern und topfartigen Hüte, dieser Mantelschnitt, diese unnachgiebigen Schuhe sind mir an der Ostgruppe im Flughafen Schönefeld aufgefallen, mehr noch die Farben: das Blaßgrau, Olivgrau, Weingrau, Taubengrau.

Kaum ist der Zug im S-Bahnhof Friedrichstraße zum Stillstand gekommen, bildet sich am Intershop-Kiosk sofort eine Schlange, die nach Schnaps und Zigaretten ansteht. Bevor ich den

33

Treppenschacht erreiche, sehe ich einen Mitreisenden mit einer Plastiktüte im Waggon des Gegenzuges Platz nehmen. Mehrmals vergleicht der Grenzbeamte das Foto in meinem Paß mit der lebenden Person und sieht mir dabei unbegreiflich lange ins Gesicht, aber nicht in die Augen, sondern auf einen Punkt seitlich der Nasenwurzel. Dann verlangt er, mein Ohr zu sehen, nicht das rechte, sondern das linke. Während ich die Haare über dem Ohr hochhalte, stelle ich mir Paul Getty junior vor, wie er das abgeschnittene Ohr aus der Jackentasche zieht und dem Beamten im Briefumschlag überreicht.

Während ich das Bahnhofsgebäude verlasse, tritt eine andere Zeitrechnung in Kraft. Ein Feiertag wird gefeiert, dessen Anlaß ich nicht kenne. Aus den Fenstern an der Hauptstraße wehen rote Fahnen, DDR-Fähnchen stecken in den Blumenkästen auf den Balkons, ein gewaltiger Baukran hält die rote Fahne im Greifer hoch über die Dächer. Männer in den grauen Uniformen der Betriebskampfgruppen füllen den Platz vor dem Bahnhof; die Laufschrift über den Köpfen setzt eine Nachricht über den Staatsbesuch eines afrikanischen Revolutionärs zusammen, der bei seiner Ankunft in der anderen deutschen Hauptstadt eher mit seiner Verhaftung zu rechnen hätte. Kinder sitzen auf Erwachsenenschultern und schwenken Staatssymbole. Diese Bilder kenne ich aus dem Ostfernsehen: die trotzig verschlossenen Gesichter der Eltern, die wie zum Schutz die Arme hochnehmen und der Tribüne zuwinken, wenn sie das Auge der Fernsehkamera auf sich gerichtet fühlen, die lachenden Gesichter der Kinder darüber, für die die Staatsfahne noch ein Spielzeug ist. Die Fremde, in der die gleiche Sprache gesprochen wird, schließt sich wie eine Dunstglocke und verwischt die Ränder des Augenblicks.

Auf diesem Platz vor dem Bahnhof Friedrichstraße habe ich schon einmal gestanden und auf die Laufschriften gestarrt, als könnten sie mir einen Schlüssel liefern. Das war zu einer anderen Jahreszeit und in einem anderen Jahrzehnt. Damals begleitete ich Lena zu einem Besuch bei ihrer Familie, die sie in den Tagen des

Mauerbaus verlassen und seither nicht mehr gesehen hatte. Oder war es – nur oder vielmehr – das Land gewesen, das sie damals verlassen und nicht mehr hatte besuchen können?

Zum ersten Mal spürte ich etwas von der Verwirrung, der Fälschung der Gefühle, die eine so gezogene Staatsgrenze in ein Familientreffen bringt. Von der Begrüßung bis zum Abschiedswort: jede Geste erschien mir seltsam vergrößert, von unausgesprochenen Hoffnungen oder Vorwürfen aufgeladen, durch Rücksichten auf die mögliche Einmaligkeit des Ereignisses verkrampft. Vielleicht hätten wir bis zum nächsten Tag bleiben mögen, der Abschiedskuß war von Staats wegen auf Mitternacht festgesetzt; jedes vorzeitige »Bis bald!« hätte wie Hohn geklungen.

Die Familie war inzwischen zu verwechseln mit einer Heimat. Als Lena den Kopf in den Schoß ihrer Schwester legte, sah ich ein Ruhebedürfnis erfüllt, durch das ich mich in der gemeinsamen westberliner Wohnung überfordert fühlte. Lenas Lachen, das mir dort immer nur aus einer Erinnerung hervorzubrechen schien, klang hier gegenwärtig; es gab zwischen den Schwestern eine Kürzelsprache aus Stichworten, Redewendungen, ersten Strophen, in die sich jeder Volksarmist hätte einmischen können, niemals ich. Es war, als sei Lena in eine Geborgenheit zurückgekehrt, mit der sie sich nie mehr begnügen und die sie immer vermissen würde.

Von der Familie wurde sie behandelt wie eine Tochter, deren Ruhelosigkeit den Zurückgebliebenen bestätigt, daß der Preis für das Weggehen zu hoch gewesen ist. Falls es ein Glück gab jenseits der Grenze, hatte Lena es jedenfalls nicht gefunden; in den Augen der Familie kehrte die Tochter mit leeren Händen zurück. Die Mutter, um deren Augen Lena sich in selbstquälerischen Gesprächen mit mir sorgte, betrachtete mich hinter starken Augengläsern von der Seite und verkniff sich die Frage, ob ich der entlaufenen Tochter die Sicherheit bieten könne, die sie entbehrte. Die Schwester hatte sich in dem Gehege, das Lena zu eng und zu spießig gewesen war, eingerichtet. Sie ging einer Arbeit als Ärztin nach und zog in einer Villa im Grünen zwei

Kinder groß. Ihren Zweifel an der Entscheidung der Jüngeren für den Westen schwächte sie ab mit der Frage: »Aber leben kann man dort auch – oder?« Alles im Haus strahlte Wärme und Dauer aus. Die Birnenholzmöbel hatten drei Generationen überlebt und würden in den Wohnungen der Enkel stehen, die Kerzenleuchter, gerahmten Fotos, gestickten Decken, gepolsterten Sitzmöbel, der emaillierte Brotkasten hatten zwei deutsche Reiche überdauert; der Staat blieb ohnmächtig vor Kachelöfen.

Im Vergleich dazu erschien mir der Staat im Westen, der sich als Gesellschaft ausgab, ungleich gewalttätiger und stärker, unsichtbar aber allgegenwärtig. Er war durch die Türritzen der Wohngemeinschaften ebenso eingedrungen wie in die Köpfe ihrer Bewohner; er sah uns von den Bücherborden an, stand neben unseren Betten und beherrschte unsere Träume von verfolgenden Polizisten.

Damals glaubte ich, etwas über die Herkunft von Lenas Unruhe zu erraten. Ihr Bedürfnis, Wurzeln zu schlagen, galt nicht nur einem Mann, sondern einer Gesellschaft und war durch einen einzelnen nicht zu befriedigen. Es war ein Bedürfnis, das aus Ostdeutschen in Westdeutschland Gruppen bildete wie aus Sizilianern, die es nach New York verschlagen hat. Eine unhörbare Fremdsprache hielt Lena und ihre zwei Freundinnen im Westen zusammen: drei Verschwisterte, die in Trödelläden nach getragenen Jacken und Hemden kramten, immer etwas flachere Schuhe trugen als die eingeborenen Frauen, sich weniger körperbetont kleideten, lauter und selbstbewußter sprachen, öfter Ich sagten, sich weniger schminkten und in ein trotziges Gelächter ausbrachen, wenn eine von ihnen plötzlich lauthals die erste Strophe eines FDJ-Liedes rezitierte.

In der Schlange vor dem Taxistand am Bahnhof Friedrichstraße verständigen sich die Wartenden über Fahrtziele, um Mitfahrer ausfindig zu machen. Ich kann die ausgerufenen Straßennamen nicht zuordnen und steige allein in ein Taxi mit dem Gefühl, eine hier längst veraltete oder noch zukünftige Lebensform auszustellen.

»Immer dasselbe«, antwortet der Fahrer auf die Frage, wer oder was hier gefeiert werde. »Die Dame mit den drei Buchstaben, die gerade dreißig geworden ist. Mit dreißig werden manche Frauen erst richtig scharf, stimmts?«

Er beobachtet mich im Rückspiegel, als sei ich ihm ein Lachen schuldig.

Am First eines öffentlichen Gebäudes ist ein Transparent angebracht. »Kurs 30 – Aufgabe und Verpflichtung« steht da in weißen Lettern auf rotem Grund. Was das für ein Kurs sei, möchte ich wissen.

»Der zwischen Kurs 29 und 31.«

Der Taxifahrer hat Spaß daran, mich mit seinen Antworten auf die Probe zu stellen.

»Bei euch war die Betriebsfête am 25. Mai.«

»Am 25. Mai?«

»Da haben die in Bonn eine Sektparty veranstaltet. Lesen Sie keine Zeitung?«

»Doch, aber die Ball- und Sektparty-Berichte überschlage ich meistens.«

»Ich lese immer die Todesanzeigen.«

»Haben Sie denn so viele Verwandte?«

Er lacht. »Ich interessiere mich nur für die Todesanzeigen, die auf der ersten Seite stehen.«

Wieder vergewisserт er sich im Rückspiegel meiner Reaktion.

»War das ein Witz?« frage ich.

»Erzählen Sie doch mal einen.«

»Ich weiß nicht. Mir fallen nur Ost-Witze ein.«

»Dachte ich mir«, sagt der Taxifahrer. »Ihr habt allerhand, aber zu lachen habt ihr nix. Keine Feiern, keine Witze, dafür Bohnenkaffee. Kennen Sie den vom Furz in der S-Bahn?«

»Ich kenne ihn nicht.«

»Möchten Sie ihn hören?«

»Nein.«

Ich wundere mich über die Wellung im Asphalt, die den Wagen vor jeder Ampel holpern läßt. Ob sie absichtlich angelegt seien, um ein zu rasches Überfahren der Kreuzung zu verhindern, frage ich.

»Das liegt am schlechten Asphalt«, erwidert der Fahrer, »der schiebt sich im Sommer unter den Reifen der bremsenden Autos zusammen.«

Später fällt mir auf, daß an allen VW-Golfs, die uns begegnen, die Markenzeichen abmontiert sind. Die erste Vermutung, sie seien vor der Auslieferung auf Weisung entfernt worden, um jede Gratis-Werbung für den westdeutschen Konzern auszuschließen, verwerfe ich wieder. Vielleicht wird hier das Golfemblem von Liebhabern gesammelt wie bei uns der Mercedes-Stern.

Nein, ein unvoreingenommener Beobachter bin ich nicht. Ich unterstelle Absichten, wo nur Materialfehler sind, zentrale Weisungen, wo sich nichts weiter als Sammelleidenschaft austobt. Robert hat recht, ich werde mich hüten müssen vor der Sucht, etwas Typisches zu bemerken.

Pommerers Klingel bleibt stumm. Die Wohnungstür öffnet sich erst, als ich geklopft habe. Pommerer reibt sich den Nachmittagsschlaf aus den Augen und sieht mich an wie den Fehler im Traum.

Ich folge Pommerer in die Wohnung; während ich aus der Höhe eines zehnten Stockwerks aus dem Fenster schaue, höre ich ihn in der Küche Wasser aufsetzen. Ein vielleicht vierjähriger Junge hockt vor dem Fernseher und sieht die Muppet-Show.

»Wo kommst du her?« fragt der Junge.

Gerade setzt der Saxophonist der Muppetband zu einem unvergleichlichen Solo an und läßt die beiden Alten in der Loge das Meckern vergessen.

»Wilmersdorf«, sage ich.

»Ist das drüben?«

Der Junge zeigt aus dem Fenster.

»Ja.«

Ich stehe etwa dreißig Meter hoch über der Straße; die gegenüberliegende Seite ist nur halb bebaut und läßt die Sicht frei auf ein Stück Mauer. Die Nachmittagssonne fällt auf die metallverkleidete Ostseite des Springerhochhauses und taucht die Fassade in ein spiegelndes Goldgelb. Die Mauer zwischen den Hochhäusern wirkt aus dieser Höhe hinfällig wie die wieder ausgegrabene Grundmauer eines längst verschwundenen Gebäudes.

»Bist du über die Grenze gegangen?«

»Ja.«

»Wie sieht sie aus?«

»Da ist eine Tür im Bahnhof oder ein Schlagbaum an der Straße, und dahinter wartet ein Polizist.«

»Und was macht der?«

»Der schaut sich den Paß an und fragt: Waffen, Munition, Druckerzeugnisse, Kinder keine?«

»Hast du Kinder?«

»Nein.«

»Warum nicht?«

Ich denke einen Augenblick nach.

»Ich weiß warum«, sagt der Junge. »Zum Kinderkriegen gehören nämlich zwei.«

Später führt mich Pommerer in sein Arbeitszimmer. Es liegt auf der rückwärtigen Seite des Hauses; durchs Fenster fällt der Blick hinab in eine gewaltige Baugrube. Dicht vor dem Fenster rangiert ein Baukran. Auch weiter hinten, in der Tiefe der Grube, schwenken die Hälse der Baufahrzeuge. Rechter Hand wird ein Wohnturm hochgezogen, der bis auf ein Stockwerk die Höhe von Pommerers Wohnung erreicht hat und die beiden Türme einer Kirche aus Klinkerstein fast verdeckt. Über den Kirchtürmen schwebt in phantastischer Höhe der Ballon des Fernsehturms, dessen Spitze in einer Wolke verschwindet.

Am Abend streife ich mit Pommerer durch die kaum erleuchteten Straßen. Berlin Mitte heißt ausgerechnet ein Viertel, in dem alle Querstraßen Sackgassen sind. Es ist noch nicht zehn, aber niemand begegnet uns; Motorengeräusch ist so rar, daß es mißtrauisch macht.

»Etwas fehlt«, sage ich zu Pommerer, »aber ich weiß noch nicht was.«

»Kennst du den?« antwortet er. »Ein Besoffener steht in der

Leipziger Straße und quatscht einen Vopo an: Können Sie mir mal sagen, wo ich hier überhaupt bin? Berlin Mitte antwortet der Vopo, Leipziger Straße. Keine Einzelheiten, lallt der Besoffene, nur das Land bitte.«

Die Schaufenster sind dunkel, die Leuchtschriften ausgeschaltet. Nur hoch oben strahlt hinter einigen Fenstern der Wohntürme violettes oder rötliches Licht, unter dem unsichtbare Pflanzen das nördliche Klima vergessen. Beim raschen Aufschauen sehen die Fenster wie hochgegangene Leuchtkugeln aus, die plötzlich zu Lichtklumpen erstarrt und im Nachthimmel stehengeblieben sind.

»Antiimperialistische Architektur«, sagt Pommerer. »Hier, rund um die Wallstraße, haben sie in den fünfziger Jahren alles abgerissen. Damals wohnte euer Zeitungszar noch in einsamer Höhe und ließ seine Botschaften um den Dachfirst seines Hochhauses laufen. Bis zum Alexanderplatz konnte man die Leuchtschriften erkennen. Mit den Wohntürmen haben unsere Planer dann zwar die Sicht auf den Westen, aber auch das Viertel verbaut.«

»Nirgends ein Zeichen an der Wand«, sage ich. »Wie ist es möglich, so viele leere Flächen so frei zu halten?«

»Einer hat einmal mit einem Filzschreiber das Wort Dubcek an eine Litfaßsäule gemalt«, erwidert Pommerer. »Er kam bis zum vierten Buchstaben – eineinhalb Jahre.«

»Bei uns genügen inzwischen drei Buchstaben: RAF.«

Pommerers Stammkneipe hat geschlossen, in der nächsten Kneipe werden gerade die Stühle auf die Tische gestellt. Wir nehmen vorlieb mit einem Restaurant in einem Neubau, das den Namen einer östlichen Hauptstadt trägt. Meine Anzugsjacke passiert unbeanstandet das Auge des Pförtners, Pommerers Aufzug erinnert an eine längst aus der Mode gekommene westliche Philosophie: Khakihemd, Armeejacke, Cordjeans, schulterlanges Haar. Aber Pommerer kennt den Kellner.

»Wie geht alles?« fragt Pommerer.

»Man muß nur vernünftig bleiben«, erwidert der Kellner.

»Also zwei Halbe, zwei Kurze und einen Doppelten für dich«,

sagt Pommerer und fährt fort: »Dam dadadam, dadadam. Das habe ich bis hier. Da sitzt du nun in Berlin Mitte, ein paar Meter weiter steht die Mauer, dahinter liegt Kreuzberg, und hier spielen sie Abend für Abend: Kreuzberger Nächte sind lang.«

Am Nebentisch streiten zwei Jugendliche, ob Stevie Wonder seine erste Platte mit vierzehn oder siebzehn gemacht hat. Am Tresen wartet eine blonde Frau auf wer weiß wen: den weißen Rock läßt sie, um die Falten zu schonen, frei um den Hocker baumeln, so daß die Hockerbeine wie ein Lampenfuß aussehen.

»Und wo ist dein Schnaps?« fragt Pommerer den Kellner, während der die Gläser auf die Bierdeckel stellt.

»Später«, erwidert der Kellner, »später«.

»Man muß nur vernünftig bleiben«, sagt Pommerer.

»Richtig«, meint der Kellner. »Wie sagt Kalle Marx: Der Sieg der Vernunft ist der Sieg der Vernünftigen. Und wie meinte Bert Brecht: de omnibus dubitandum est. Konnte der überhaupt Latein? Na, Pommerer, wir beede, seit zehn Jahren immer uff nett!«

»Das macht er immer«, erklärt Pommerer, während der Kellner zwei Tische weiter seinen Spruch aufsagt. »Er trinkt seinen Schnaps nicht, aber hinterher schreibt er ihn auf die Rechnung. Was macht deine Arbeit?«

Meine Geschichte verändert sich von Tag zu Tag. Sicher ist nur, daß der Mann, dessen Geschichte ich suche, in einer Vor- und Rückwärtsbewegung über die Mauer gegangen ist, gleich einem Fußballtorwart in der Zeitlupe, der immer den gleichen Anlauf nimmt, um immer den gleichen Ball zu verfehlen. Noch während ich Pommerer Schalters Geschichte erzähle, vermischt sie sich unentwirrbar mit der Geschichte von Kabe, dem Mauerspringer.

Pommerer hört aufmerksam zu, überlegt eine Weile, bestellt die nächste Runde Wodka und Bier und fragt dann, ohne ein weiteres Wort über Kabe zu verlieren: »Kennst du die Geschichte von den drei Kinogängern?«

Das Haus, das der Gruppe als Treffpunkt diente, soll inzwischen abgerissen sein; Anwohner befürchten, daß die ganze Sackgasse, nachdem sie durch ihr letztes Haus derart in Verruf gebracht worden ist, zum Sperrbezirk erklärt wird.

Dieses Haus war durch den Zickzackkurs der Grenze in eine exponierte Stellung geraten. Wie eine Pipeline, über deren Verlauf man sich bis zuletzt nicht einigen konnte, lief die Mauer im spitzen Winkel auf das Haus zu und schwenkte erst kurz davor nach rechts ab. So kam es, daß das Haus mit einer Ecke beinahe an das Betonding stieß, das die einstige Vorderseite des Hauses über Nacht in die Rückseite verwandelt hatte.

Zu dieser Zeit wurde das Haus von zwei Familien bewohnt; zwei der drei künftigen Mauerspringer lernten gerade erst laufen. Im Erdgeschoß wohnte die Familie Wacholt, im Obergeschoß die Familie Walz. Beide Familien verdankten den Aufschub der Abrißarbeiten ihren Parteibüchern und der Tatsache, daß sie seinerzeit unter den ersten gewesen waren, die den Bau des »Antifaschistischen Schutzwalls« begrüßt hatten. Da sie auch sonst ein Bewußtsein zeigten, das ihrer vorgeschobenen Wohnlage entsprach, war ihnen zuzutrauen, daß sie ihren Kindern den Unterschied begreiflich machen würden, der zwischen einer Staatsgrenze und einer Hinterhofmauer besteht.

Durch einen Zufall hörten die beiden fast gleichaltrigen Söhne auf den gleichen Namen: Nur, wenn sie sich gegenseitig riefen, konnten sie sicher sein, welcher Willy gemeint war. Dieser Umstand mag dazu beigetragen haben, daß die beiden sonst unauffälligen Knaben sich früh daran gewöhnten, mehr aufeinander als auf die Eltern zu hören. Außerdem – dies führte der Rechtsanwalt später zur Entlastung der beiden Willy an – habe die Gefährdung der Kinder vorhersehbar zugenommen, als Herr Walz verstarb und Herr Wacholt in die Wohnung seiner Geliebten zog. Spätestens von diesem Zeitpunkt an sei die Partei im Haus nicht mehr ausreichend vertreten gewesen. Da sich die beiden Willy aber wie alle Kinder benahmen, erst mit Sprungseilen, später mit Fußbällen umgingen, einem Papierflugzeug nicht nachtrauerten, wenn es zu weit flog, weder im politischen

Unterricht noch im Hochsprung auffällig wurden, sahen die Mütter keinen Grund, den Söhnen das Springen auf Hof, Flur und Treppe zu untersagen.

Allerdings machte sich Frau Walz später Vorwürfe, daß sie einen Plan ihres verstorbenen Mannes nicht ausgeführt hatte, als die beiden Willy ins Trotzalter kamen. Herr Walz hatte vor, die Luke im Dachboden zuzunageln. Diese Luke führte auf das Dach eines verandaartigen Vorbaus, der als Geräteschuppen diente und den ohnehin geringen Abstand zwischen Haus und Staatsgrenze noch weiter verringerte. Ein Sprung vom Rand des Dachs konnte genügen, einen halbwegs gelenkigen Menschen auf die Höhe der Mauer zu tragen. Auch hätte Frau Walz, wäre ihre Aufmerksamkeit nicht durch zuviel Vertrauen beeinträchtigt gewesen, bemerken müssen, daß die Grenzsoldaten in dem nahestehenden Wachtturm ihren Dienst nicht immer nach Vorschrift versahen. Die jahrelange Beobachtung der Grenzer durch zwei Jugendliche, die allmählich in das Alter kamen, in dem man ohnehin nur die Fehler an den Erwachsenen sieht, mußte Lücken im Wachsystem aufdecken – und sei es nur die, daß ein menschliches Augenpaar nicht gleichzeitig in zwei Richtungen blicken kann.

Tatsächlich fanden die beiden Willy heraus, daß Menschen im Dienst Gewohnheiten entwickeln. Zuerst fiel ihnen nur auf, daß der Mann im Turm häufig allein war und in einem bestimmten Rhythmus die Blickrichtung wechselte. Fast auf die Sekunde ließ sich vorhersagen, wann er ihnen den Hinterkopf zudrehen würde. Dann kam ihnen der Verdacht, daß der Mann sie auch dann nicht bemerkte, wenn er in ihre Richtung schaute. Experimente auf dem Dach des Vorbaus, die sich vom Winken mit der Hand bis zum Schwingen der roten Fahne steigerten, ergaben, daß das Dach und das erreichbare Mauerstück im toten Winkel des Blickfeldes des Mannes im Turm lagen.

Vielleicht hätten die beiden Willy von ihrem Wissen nie Gebrauch gemacht, hätte sich der ältere von beiden nicht einem Freund vom Prenzlauer Berg anvertraut. Lutz verbrachte sein arbeitsfreies Leben im Kino und gab den Erkenntnissen der beiden Willy sofort eine praktische Richtung. Er schraubte einen starken Haken im First des Anbaus fest, knotete ein Seil daran und warf es mit dem anderen Ende über die Mauer. Lutz war auch der erste, der den kurzen Abgrund zwischen Osten und Westen übersprang und von der anderen Seite der Mauer den Abstieg der ganzen Seilschaft sicherte.

Auf westlichem Boden angekommen, erkundigten sich die drei nach dem nächsten U-Bahnhof und fuhren schwarz zum Kurfürstendamm. Dort hatten sie die Wahl zwischen dem »Schulmädchenreport«, Teil drei, und »Spiel mir das Lied vom Tod«. Lutzens Plädoyer gab den Ausschlag für den Italo-Western.

An der Kinokasse stießen sie auf das erste größere Hindernis. Da die Kassiererin das leichte DDR-Geld verächtlich in der Hand wog, verlangte Lutz den Geschäftsführer. Nun sei er extra den weiten Weg vom Prenzlauer Berg über die Mauer zum Kurfürstendamm gekommen, erklärte Lutz, um Charles Bronson zu sehen, und da rede ihm die Kassiererin über den Unterschied zwischen Mark und Demark. Wie er seinen Freunden im Kiez einen solchen Empfang klarmachen solle?

Der Geschäftsführer mochte den dreien die Geschichte ihres Weges vom Haus hinter der Mauer zum Kino nicht glauben. Erst als sie sich auswiesen, erkannte er ihre Papiere als Eintrittskarten an. Die 18-Uhr-Vorstellung hatte schon angefangen; Lutz kannte den Plot in groben Zügen und hielt die beiden Willy über das Verpaßte auf dem laufenden.

Nach der Vorstellung erkundigten sich die drei nach dem Start für den nächsten Film – kein richtiger Western, wußte Lutz, aber sehenswert wegen eines Doppelauftritts von Brigitte Bardot und Jeanne Moreau. Dann machten sie sich auf den Heimweg. Kaum vier Stunden nach ihrem ersten Kinobesuch im Westen lagen die beiden Willy in ihren Betten, und Lutz sauste mit dem Motorrad zum Prenzlauer Berg zurück.

An dieser Stelle unterbreche ich die Erzählung, denn genauso, wie ich den Grenzübertritt der drei Kinogänger wiedergegeben habe, kann er sich kaum abgespielt haben.

44

Die Grenze zwischen den beiden deutschen Staaten, vor allem die zwischen den beiden Hälften Berlins, gilt als die am besten geschützte und am schwersten zu überwindende Grenze der Welt. Der Grenzring rund um Westberlin hat eine Gesamtlänge von 165 km; auf einer Länge von 106 km besteht dieser Ring aus Mauerplatten mit Rohrauflage, auf einer Länge von 55,1 km aus metallgestanzten Gitterzäunen. Entlang des Grenzrings stehen 260 Beobachtungstürme, in denen doppelt soviele Grenzer Tag und Nacht Wache halten. Verbunden sind die Beobachtungstürme durch eine asphaltierte Kolonnenstraße, die im Innern des Grenzstreifens verläuft. Eine sorgfältig geharkte Sandauflage rechts und links der Kolonnenstraße verbirgt Stolperdrähte, die bei Berühren Leuchtkugeln auslösen. Für den Fall, daß ein Unbefugter den Grenzstreifen betritt, stehen Jeeps der Grenztruppen bereit und Hunde, die an 267 Hundelaufanlagen im Einsatz sind. Der Zutritt zum Grenzstreifen von Osten her wird zusätzlich durch eine innere Mauer verwehrt, die in einem Abstand von unterschiedlicher Breite parallel zur äußeren Mauer verläuft. Am Fuß der inneren Mauer sind an zahlreichen Stellen Nagelbretter ausgelegt, deren 12 Zentimeter lange Stahlnägel einen Herunterspringenden buchstäblich festnageln. Die innere Mauer besteht zwar auf weite Strecken noch immer aus den Fassaden grenznaher Häuser, aber deren Türen und Fenster sind zugemauert. In den Kanälen unter der Erde wird die Grenze durch elektrisch geladene Gitterzäune gesichert, die nur der Scheiße beider Stadtteile freien Durchlaß gewähren.

Diese Tatsachen beschäftigten auch die Sachverständigen, als sich das Gericht mit den Sprüngen der drei befaßte. Selbst wenn man gelten ließ, daß der Abstand zwischen Vorbau und Grenzmauer wirklich durch einen Sprung zu überwinden war: wie wollten die Angeklagten auf einer Mauer Halt finden, auf der selbst Katzen ins Rutschen geraten? Folglich wäre eine Überwindung der Grenze nur mit Hilfe eines Seils vorstellbar, das zuvor auf westlicher Seite verankert worden war, was die Beihilfe westlicher Komplizen voraussetzte. Und schließlich:

wie konnten die drei sicher sein, bei ihrer Rückkehr die Steige-vorrichtung noch vorzufinden? Das Taschenmesser eines Vor-beigehenden hätte die Nabelschnur, die sie mit dem sozialisti-schen Leben verband, unwiderruflich zerschneiden können.

Dem letzten Einwand des Sachverständigen widersprach der Verteidiger mit dem Hinweis, daß auch die äußere Mauer bekanntlich noch auf dem Staatsgebiet der DDR stehe, um Raum für Ausbesserungs- und Malerarbeiten zu lassen. Ein Seil, auch wenn es nach Westen hänge, sei deswegen für westliche Bürger grundsätzlich unantastbar. Zudem hätten die Angeklag-ten ihre Sprünge zu einer Zeit ausgeführt, in der die »moderne Grenze« – wie sie im Unterschied zur alten, noch einsträngigen Grenze genannt wird – noch nicht überall fertiggestellt war. Die innere Mauer hatte noch Lücken, die äußere war – nicht nur an der fraglichen Stelle – häufig aus Backsteinen gebaut und oben flach statt rund.

All das vermochte den Verdacht jedoch nicht zu entkräften, die Angeklagten hätten statt des unwahrscheinlichen Luftweges in Wirklichkeit einen unterirdischen Zugang nach Westen gefun-den, der womöglich von einer Nachfolgeorganisation weiterbe-nutzt wurde. Wie Lutz und die beiden Willy tatsächlich ihren Hin- und Rückweg sicherten, ist im Gestrüpp der mündlichen Überlieferung untergegangen. Technische Schwierigkeiten, die unüberwindbar schienen, wurden durch die Phantasie derer gelöst, die die ganze Geschichte weiterverbreiteten. Denn das Unerhörte daran bestand ja nicht darin, daß Lutz und die beiden Willy einen Weg in den Westen fanden, sondern in der Tatsache, daß sie diesen Weg in beide Richtungen benutzten.

Mit der gleichen Selbstverständlichkeit, mit der andere DDR-Bürger sonntags an den Müggelsee fahren, gingen Lutz und die beiden Willy freitags ins Kino am Kurfürstendamm. Übrigens gingen sie immer ins gleiche Kino und immer zur selben Stunde. Obwohl sie ihren Weg bald auch im Dunkeln zu finden wußten, legten sie den Kinobesuch nach Möglichkeit auf den Nachmit-tag, um nicht abends vor ausverkauftem Haus zu stehen. Manchmal, wenn ein Film in die fünfte oder achte Woche ging und ein Wiederanschauen nicht lohnte, legten sie eine kleine Pause ein. Auf diese Weise gewannen sie in einem halben Jahr eine lückenlose Übersicht über die Programmgestaltung des letzten Cinemascope-Kinos am Kurfürstendamm.

Alles in allem sprangen die drei zwölfmal. Die Sache kam erst durch den Bericht eines westberliner Journalisten ans Licht. An dem Tag, an dem sie Marlon Brando in »Que mada« sehen wollten, wurden sie von einer westberliner Streife beim Grenzübertritt beobachtet. Lutz verbat sich jede Anrede als Flüchtling; er stellte sich und die beiden Willy als Western-Fans vor. Dies und der Umstand, daß die drei auf keinen Fall dableiben wollten, erschien den zwei Polizisten so unglaublich, daß sie gleich in der Lokalredaktion ihrer Stammzeitung anriefen. Noch am selben Tag paßte ein Journalist die drei am Kinoausgang ab und machte sie mit Curry-Wurst und Whisky gesprächig.

Der Artikel dieses Journalisten brachte den Staatssicherheitsdienst auf die Spur der drei Kinogänger. Die beiden Willy wurden von der Schulbank weg verhaftet und wegen wiederholter Verletzung des Paßgesetzes und illegalen Grenzübertritts vor Gericht gestellt. Seinen Antrag auf Freispruch begründete der Verteidiger mit der unzweifelhaften Staatstreue der Angeklagten: schließlich hätten sie zwölfmal die Möglichkeit zum Verlassen der DDR gehabt und nicht wahrgenommen – ein Treuebeweis, dessen sich nur wenige DDR-Bürger rühmen könnten. Dem Antrag wurde nicht stattgegeben. Der ältere Willy wurde von der Schule genommen und in die Armee gesteckt, der jüngere in einen Jugendwerkhof geschickt.

Den inzwischen achtzehnjährigen und voll straffähigen Lutz dagegen bewahrte seine Kinosucht davor, im Gefängnis zu büßen. Am Abend des letzten gemeinsamen Kinoausflugs war Lutz rechtzeitig zum Prenzlauer Berg zurückgekehrt, um in seinem dortigen Stammkino die Abendvorstellung von »High Noon« nicht zu verpassen. Nachdem er eine viertel Stunde in der Schlange vor der Kasse gestanden hatte, teilte der Vorführer mit, daß die Vorstellung ausfalle, der Film sei gerissen. In diesem Augenblick fühlte Lutz ganz deutlich, daß auch bei ihm etwas riß. »Da rennt man sich nun die Hacken ab vom Kurfürstendamm zum Prenzlauer Berg, damit man pünktlich ist – und dann ist der Film gerissen«, fuhr er seinen Nebenmann an, »jetzt reicht's!«

Lutz trat den Motor an, raste in überhöhtem Tempo die ganze Strecke zurück zur Mauer und hastete im Dunkeln in den Westen, um wenigstens noch die Spätvorstellung von »Weites Land« zu erreichen. Es war Lutzens letzter Transit. Er wurde im Westen, was er im Osten immer schon hatte werden wollen: Förster. Da er aber den Westen nur aus amerikanischen und italienischen Western kannte, war er auf die Forstarbeit in westlichen Wäldern schlecht vorbereitet. Bis heute will es ihm nicht in den Kopf, daß sich ein Förster hier seine Axt und Säge selber kaufen muß.

Der abnehmende Mond steht hinter der Kuppel des Fernsehturms und verwandelt ihn für den Rest der Nacht in ein türkisches Minarett.

»Hörst du«, sagt Pommerer und bleibt stehen.

Ein brausendes Geräusch nähert sich unter uns, schwillt an zu einem Rumpeln und Schlagen, als stürze ein Fahrstuhl den Schacht hinunter, und verebbt.

»Die Linie 6, die geht direkt unter meiner früheren Wohnung durch. Kennst du die verplombten Bahnhöfe da unten? Ich wollte ja nie in den Westen. Aber manchmal, wenn in der Küche die Teelöffel zu klingeln anfingen, da hab' ich gedacht: Einmal wenigstens möchte ich in diesem Zug sitzen und unter mir durchfahren. «

Es ist noch nicht Mitternacht, wie wir Pommerers Wohnung erreichen, aber wie ich die Tür zu seinem Arbeitszimmer öffne, ist es, als hätte ich im Wodkarausch die falsche Wohnung aufgeschlossen. Das Zimmer ist von bläulichen Blitzen durchzuckt, der Tisch, der Stuhl, das Bett, die Bücher tanzen im Funkengestiebe. Über Nacht ist der Seitenflügel des Neubaus schräg neben dem Fenster um ein Stockwerk gewachsen; zwei Arbeiter knien auf dem Zementboden und verschweißen die Eisenteile.

»Nach Westen wird geschaut, im Osten wird gebaut«, sagt Pommerer und wünscht gute Nacht.

Am Morgen gehe ich in das Kaufhaus gegenüber und frage nach der Schreibwarenabteilung. Ich erstehe ein Schreibheft für 84 Pfennige und setze mich damit an Pommerers Schreibtisch. Der unablässig wachsende Wohnturm hat inzwischen den Blick auf den Fernsehturm verstellt. Dicht vor dem Fenster schwenkt der Baukran, ab und zu wird das Kreischen der Seilwinde und das Quietschen des Krans auf dem Drehteller übertönt von den geschrienen Halbsätzen, die zwischen dem Kranführer und den Arbeitern in der Baugrube hin- und herfliegen. Ich sehe dem Kranführer zu, wie er eine halbe Drehung vollführt, bis er mir frontal gegenübersitzt. Wir sind jetzt auf gleicher Höhe und zünden uns fast gleichzeitig eine Zigarette an.
Ich bin nicht sicher, ob er mich hinter der Fensterscheibe erkennt; dann stützt er, wie um mich nachzuäffen, den Ellbogen auf und drückt das Kinn in die Faust. Beide verharren wir einen Augenblick in dieser Stellung und schauen uns an, sekundenlang gleich vor so ungleichen Tätigkeiten.
Das Heft hat einen grünen, löschpapierartigen Umschlag. Die Zeilen für Namen und Titel lasse ich frei und trage auf der ersten Seite das Datum ein. Die Geschichte, die ich im anderen Teil der Stadt zurückließ, wird hier neu anfangen müssen.

Ich stelle mir einen Tag vor, an dem zwei Umstände zusammentreffen: Nebel senkt sich über die Kreuzberger Hinterhöfe, und am Kurfürstendamm wechselt das Kinoprogramm. An diesem Tag, gegen fünf Uhr nachmittags, verläßt Herr Kabe seine Wohnung in Kreuzberg, Lutz wirft sich am Prenzlauer Berg aufs Motorrad. Beide, Kabe zu Fuß und Lutz in strafbarem Tempo, streben aus entgegengesetzten Richtungen geradewegs auf die Mauer zu. Ungefähr zu dem Zeitpunkt, da Kabe die bewährte Mauerstelle erreicht, bockt Lutz vor dem Haus der Freunde das Motorrad auf und ruft mit einem Namen zwei Köpfe ans Fenster. Während Kabe Anlauf nimmt, bemerkt er, daß eine

Senatsbehörde nach seinem 14. Sprung die Startrampe verkürzt hat: der Schutthaufen ist fortgeräumt. Auf der Suche nach einer anderen Route geht Kabe die Mauer entlang und entdeckt das grenzüberschreitende Seil in dem Augenblick, in dem seine Kollegen auf der anderen Seite aus der Dachluke klettern. Kabe hangelt sich am Seil empor und will eben zu seinem 15. Sprung ansetzen, während Lutz und die beiden Willy Schwung zum 12. holen. Der Nebel behindert die Sicht derart, daß Kabe dem blind springenden Lutz erst im letzten Moment ausweichen kann. Unfreiwillig umarmen sich die Kollegen, damit sie nicht gemeinsam auf einer Seite der Mauer herunterfallen, die entweder für Kabe oder für Lutz die falsche wäre; kurz danach fassen die beiden Willy neben den Vorspringern Fuß.

Ich stelle mir weiter vor, die vier würden nun, nachdem sie sich als Profis zu erkennen gegeben haben, im toten Winkel des Wachturms Zeit für einen kurzen Meinungsaustausch finden. Wie würde das Sprungkollektiv aus dem Osten, wie der einsam springende Kabe den Gegenverkehr erklären?

Lutz und die beiden Willy würden sich wahrscheinlich darauf beschränken, den Titel eines amerikanischen Western zu nennen; Kabe würde womöglich vom Essen und der guten Behandlung in der Klinik Buch schwärmen. Nach kurzer Zeit aber würde das Gespräch über die Motive zum Springen ins Stocken geraten. Denn ein solches Gespräch könnte kaum interessanter sein als die Unterhaltung zweier Seilschaften, die sich unerwartet auf dem K 2 begegnen und die schöne Aussicht als Grund für den lebensgefährlichen Aufstieg angeben. Wenn überhaupt, würde Kabe mit seinen Kollegen auf die technischen Schwierigkeiten des gemeinsamen Sports zu sprechen kommen: Wetterverhältnisse, Aufstiegsrouten, Klettergerät, Zwischenlager. Vielleicht würden die vier noch gewisser Pioniere gedenken, die lange vor ihnen und oft auf schwierigeren Routen die Mauer bezwungen hatten. Immerhin hatte ein Zirkusartist schon in den frühen sechziger Jahren eine Hochspannungsleitung als Drahtseil benutzt und war darauf in den Westen balanciert. Und hatte nicht ein Vizemeister im Stabhochsprung die Mauer als Latte behandelt und mit reichlichem Spielraum übersprungen? Schier unerschöpflich, was Zahl und Einfallsreichtum angeht, wäre ein Verzeichnis der Vorgänger und schwer zu entscheiden, wem ein Platz auf der Liste der Ewigen Besten gebührte. Denn die Unterbindung grenzüberschreitender Sportarten wie Ballonfliegen, Unterwassertauchen in der DDR hatte eine ungeheure Phantasie freigesetzt und eine Generation von Erfindern erzeugt: kaum waren die Schnorchel, Unterwassermasken, Sauerstoffflaschen aus den Geschäften verschwunden, begannen Bastler aller Sparten, diese Ausrüstungsgegenstände aus Fahrradschläuchen, Gasflaschen, Gummischürzen herzustellen. An welcher Stelle sollte man etwa den Automechaniker plazieren, der einen Kleinstmotor erfunden hatte, von dem er sich unter Wasser durch die Ostsee ziehen ließ? Und wie wäre die Leistung jenes Ingenieurs zu bewerten, der das Prinzip des Heißluftballons wiederentdeckte, nachdem er sich in den Fachbuchhandlungen vergeblich nach Lehrbüchern über Aerodynamik erkundigt hatte?

Sicher war nur – und an dieser Stelle könnte der Dialog auf der Mauer eine philosophische Wendung nehmen – daß bisher jede Verfeinerung des Grenzsystems die Phantasie dazu angestachelt hatte, die neue Lücke zu finden. Vielleicht unterschied sich das Bedürfnis, die Mauer zu bezwingen, gar nicht prinzipiell von dem Drang, den K 2 zu ersteigen; es hatte seinen Grund einfach darin, daß die Mauer dastand, und es würde so lange anhalten, wie sie stehen blieb.

Ich stehe mit Pommerers Fernglas am Fenster. Vor der Mauer harkt ein Grenzer den Sand; weiter rechts, im Beobachtungsturm, sitzt sein Kollege und sieht ihm bei der Arbeit zu.

»Klar kommst du über die Mauer, sogar hier in Berlin Mitte«, sagt Pommerer. »Du siehst ja, die Anlagen sind im Stadtgebiet nicht vermint. Die harken jeden Abend den Sand, damit sie am Morgen die Fußspuren zurückverfolgen können, die irgendein Unbefugter – Mensch oder Tier – nachts hinterläßt. Sonst sind da nur Stolperdrähte, und in dem Beobachtungsturm sitzt auch nicht immer jemand drin.«

»Woher weißt du das so genau?«

»Ich habe doch mit dem Fernglas jeden Zentimeter abge-
checkt!«

»Aber du hast doch gesagt, du willst nicht . . .«

»Will ich auch nicht. Aber wenn du so ein Ding vor der Nase
hast, wird es ein Zwang, den Fehler zu finden.«

»Hast du ihn gefunden?«

»Ich glaube schon.«

Es ist Sonntag, die Straßen sind leer, die Landschaft liegt flach
unter einem unbewegten Himmel. So gleichmäßig ist das Grau
der Wolkendecke, daß man es für die Farbe des Himmels halten
könnte. Wie ich mich in Pommerers Auto umdrehe, sehe ich die
Stadt wie ein Gletschergebirge, dessen Kältestrahlung weit in
die Ebene hinausgreift. Die Landschaft wirkt wie betäubt, jedes
Blatt, jedes Ästchen der Bäume am Straßenrand ist von einer
weißen Schicht bepudert. Die Spitzen der Zaunpfosten, die
Drähte der Überlandleitungen sehen aus, als seien sie von einem
nie schmelzenden Rauhreif umrändert, eine Landschaft, der alle
Poren verstopft sind.

»Ein Kalkwerk in der Nähe«, erklärt Pommerer, »stäubt im
Umkreis von zehn Kilometern alles ein«.

Später fahren wir durch sommerliches Grün. Immer wieder
blitzt Wasser auf hinter den Straßenbüschen, Wasser, in dem
sich weder Häuser noch Segelboote spiegeln, nur Laubkronen.
Wie wir zwischen den Büschen und Seen hindurchfliegen, erfaßt
mich ein Staunen, wie ich es einmal auf einer Fahrt zwischen
New York und Philadelphia erlebt habe; jenseits des Atlantik,
dachte ich damals, dürfte es nicht die gleichen Fichten und
Ahornbäume geben, das Gras dürfte nicht die gleiche Farbe
haben, die Ufer der Seen nicht denselben Bewuchs wie diesseits.

Ebenerdig, höchstens zweistöckig sind die meisten Häuser der
Dörfer und Städtchen, die wir durchfahren; die höchsten Gebäu-
de sind noch immer die Kirchen. Die überall aufgestellten und
ausgehängten Transparente nehmen hier den Charakter von

Beschwörungen an: GEMEINSAM KÄMPFEN, GEMEIN-
SAM SIEGEN lese ich im Schaufenster eines Schuhgeschäfts,
SOZIALE SICHERHEIT, VERWIRKLICHTE MEN-
SCHENRECHTE an einem Rathaus, GLÜCKLICHE MEN-
SCHEN, STOLZE ERFOLGE, STARKE REPUBLIK vor
einer Gaststätte, 30. JAHRESTAG – UNSER BEITRAG in
einem Fischgeschäft, zwischen zwei Sardinen und einer Dose
Makrelen. Manche der plakatierten Hoffnungen lesen sich wie
Drohungen: SOWJETUNION – FREUNDE FÜR IMMER;
von unfreiwilliger Melancholie ist der Satz: ES WIRD IMMER
OKTOBER BLEIBEN. Wie viele müssen bestreiten, was die
Parolen behaupten, damit es notwendig wurde, sie so ängstlich
zu wiederholen.

Vor einigen Jahren fiel mir bei einer Landung im Flugzeug auf,
daß in der sonst üblichen Ankündigung der Lautsprecherstimme
– »Wir sind soeben sicher in Berlin-Tempelhof gelandet« – ein
Wort fehlte. Offenbar von einem Tag auf den anderen war das
Adverb »sicher« ersatzlos gestrichen worden. Ich fragte mich
damals, welche Überlegung diese Kürzung veranlaßt hatte.
Vermutlich hatte die Werbeabteilung des Unternehmens herausgefunden, daß das Wörtchen »sicher« eine unerwünschte
Nebenwirkung hervorrief: die Behauptung, man sei sicher
gelandet, weckt allzu leicht die Vorstellung von einer gerade
noch vermiedenen unsicheren Landung. Es war also klüger, auf
das Selbstlob zu verzichten.

Ein Satz von Pommerer während der Fahrt durch die bestäubte
Landschaft setzt sich fest, hallt im Kopf nach wie ein Schlüssel-
wort, eine Überlebensregel, eine Kapitelüberschrift: »Das mußt
du einmal sehen, wenn die Sonne scheint.«

Ein Schotterweg führt uns zu einer Ansammlung von verlasse-
nen Bauernkaten, in denen sich Freunde von Pommerer eingerichtet haben. Rehe am Waldrand, ein Storchennest, kläffende
Hunde, endlos sich dehnende Felder, die durch natürliche
Grenzen – Bach, Weiher, Baumgruppe – voneinander abge-
trennt sind. Nur die ungeheure Fernsehantenne auf dem Dach
eines der größeren Häuser erinnert an ein anderes Bezugs-

system, an ein unsichtbares, weit entferntes Leben im Raum, das sich von dieser Bodenstation aus verfolgen läßt.

Wir sitzen bei Kaffee und selbstgebackenem Kuchen, Hochprozentiges aus dem Intershop steht auf dem Küchentisch, Westzigarettenrauch hängt in der Luft. Nach und nach füllt sich die Küche mit Nachbarn, die betont flüchtig von dem Westgast Notiz nehmen, als wollten sie ihre Neugier nicht zugeben. Die Gespräche kreisen um den Künstleralltag auf dem Lande: den Ausbau des Dachbodens, die Reparatur eines Auspufftopfs, die Verlängerung eines Pachtvertrags. Debatten entstehen über Kunst und Literatur; Politik ist nur in Gestalt des Apercus zugelassen und wird begleitet von Jimmy Hendrix-Musik.

»Kannst du mit deiner Riesenantenne wenigstens Radio Eriwan empfangen?«

»Peking, bei gutem Wetter.«

»He, könnt ihr im Westen nicht einmal einen Fernsehturm bauen, der die ganze DDR beschickt? Sonst baut der Hausherr demnächst hier den Berliner Funkturm nach.«

»Wozu, die glücklichsten Kühe leben dort, wo man den Westen nicht hört.«

»Aber dann wird doch der Stasi arbeitslos, wenn alle glücklich sind.«

»Dann lieber: Westfernsehen für alle!«

»Achtung, Achtung! Der Schriftsteller X. fordert um 15.02 die Errichtung eines Fernsehturms, der die ganze DDR beschickt.«

»Das hat Jimmy Hendrix gesagt. Ich mache hier nur die Musik.«

Du glaubst wohl, die können Pop und Agitprop nicht unterscheiden! Also gut: Jimmy Hendrix, auf der E-Gitarre begleitet von dem Schriftsteller X., fordert um 15.02 die Erhöhung aller westlichen Funk- und Fernsehtürme.«

»Sag's nochmal, damit du erhört wirst.«

»Die hören das schon. Kennst du russisch Beton: ein Drittel Zement, ein Drittel Sand, ein Drittel Mikrophon.«

»Au, jetzt weiß ich auch, warum mir der Zahn weh tut. Die haben beim Plombieren zuviel Mikrophon genommen.«

Die Einteilung in Freund und Feind erscheint einfacher als im Westen. Der Mythos vom allgegenwärtigen Ohr des Staates, auch wenn er eher ironisch zitiert wird, hält die Gruppe zusammen und verleiht ihr den Reiz einer Verschwörung, die eigentlich nur der Kunst gilt. Der Unveröffentlichte, der Schwierige, der in einem immer noch kalkulierbaren Streit mit Partei oder Verlag liegt, gehört zur Gruppe; dem Erfolgreichen, womöglich mit einem staatlichen Preis Ausgezeichneten wird Mißtrauen entgegengebracht.

Nach einer Weile gilt das Gespräch nur noch zwei Themen: der genehmigten oder verweigerten Westreise, der genehmigten oder verweigerten Veröffentlichung. Einer redigiert gerade mit seinem Lektor den neuen Roman. Der Lektor hat eine Veröffentlichung zugesagt, stößt sich aber an bestimmten Wörtern, die im Text zu oft vorkommen. Das Wort Polizei zum Beispiel soll nicht ganz gestrichen werden, aber es muß nicht unbedingt sechsmal vorkommen, zweimal genügt. Am Wort Schießbefehl stößt den Lektor die Vorsilbe, am Wort Anpassung das ganze Wort. Ein anderer Autor ist gerade aus den USA zurückgekehrt und zeigt die Fotokopie eines Zeitungsabschnitts vor. Unter dem Titel »Berichtigung« meldet die amerikanische Zeitung einen Druckfehler: der betreffende Schriftsteller habe in seinem Interview nicht, wie versehentlich ausgedruckt, von der Oktoberrevolution als einem »monstruos event« gesprochen. Richtig müsse es heißen: »monumental event«. Den Zeitungsabschnitt trägt der Schriftsteller im Ausweis bei sich: ein Garantieschein für die nächste Westreise.

Wieder ein anderer hat in einen Roman einen reportagehaften Bericht über die Fließbandarbeit in einem Textilkombinat eingefügt. Den Lektor hat diese Stelle unangenehm an eine Wallraf-Reportage über die Akkordarbeit in westlichen Betrieben erinnert. »Aber das habe ich nicht abgeschrieben, das habe ich selbst so erlebt«, verteidigt sich der Autor; der Lektor will die Stelle noch einmal im Zusammenhang lesen. Nach einer Weile erhält der Autor das Manuskript zurück. »Falsch erlebt« ist in der Handschrift des Lektors neben den Text geschrieben.

Eine Fotografin wird in die Direktion ihrer Zeitschrift gerufen. An den Wänden des Büros sind die Fotos ihrer letzten Reportagen aufgehängt, numeriert und in eine Reihe gebracht; die Fotografin weiß, sie wird sich rechtfertigen müssen.

Der Leiter deutet auf eine Fotoserie über die Untertagearbeit in einem Bergwerk. »Sie halten auffällig oft gerade den grauen, den tristen Aspekt des sozialistischen Arbeitsalltags fest. Geradezu so, als schiene bei uns nie die Sonne.«

»Aber«, erwidert die Fotografin, »ich bin doch selbst unten gewesen. Ich habe nur fotografiert, was ich gesehen habe. Und nach meinem Empfinden –«

»Es kommt nicht darauf an, was Sie empfinden«, unterbricht sie der Leiter, »sondern was wir die Leute empfinden lassen!«

Zu solchen Alltagsgeschichten schweigt der Westgast betroffen. Ähnliches kann er nicht bieten. Überraschung, gar Empörung zu zeigen, gilt als Gefühlsverschwendung, eine Luxusempfindung des Zugereisten. Und nur seine Ahnungslosigkeit stellte er unter Beweis, wollte er ausrufen, was er einen Moment lang denkt: Warum haltet ihr das auch nur einen Tag länger aus! Haut doch ab, ihr könnt es doch. Entweder abhauen oder dableiben, dazwischen gibt es nichts. Jedenfalls nicht diesen Witzton, diese genehmigten Reisen für ein paar Dutzend staatlich subventionierte Protestdarsteller!

Später waren die Kollegen dann genauso erstaunt wie ich, von einem Wissenschaftler, der sich zur Gruppe gesellte, zu hören, warum er nach seiner letzten Westreise nicht mehr würde ausreisen können: er hatte fast alle Gebote der Reisedirektive verletzt.

»Reisedirektive – was ist das?«

Sie wird Schriftstellern nicht erteilt und sieht vor: keine Kontaktaufnahme zu Verwandten oder Bekannten im Westen; keine unerlaubte Entfernung vom Tagungsort, keine Interviews, keine Erklärungen.

»Und weil du das nicht eingehalten hast, darfst du nicht mehr?« fragten die Schriftsteller den Wissenschaftler. »Das ist ja unglaublich!«

Respekt vor der Weisheit des Stasi! Indem er jede Gruppe anders behandelt, verstrickt er jede in das Festhalten an ihren spezifischen Privilegien. Der Normalfall gerät dabei außer Sicht. Die Gruppe entwickelt eine Strategie des begrenzten und vernünftigen Risikos. Wer sich nicht daran hält, hat sich die Folgen selbst zuzuschreiben. Fast ebenso verdächtig wie Nationalpreisträger sind deshalb Leute, die sich zu weit vorwagen und damit eine Gefängnisstrafe oder Ausbürgerung einhandeln.

Dieser Mechanismus ist mir zum ersten Mal bei der Ausbürgerung von Wolf Biermann aufgefallen. Von niemandem habe ich so böse Worte über Biermann gehört wie von denen, die gegen seine Ausbürgerung protestierten. Daß er den Gruppenkonsens des begrenzten Risikos verletzte, verzieh man ihm nicht. Der Vorwurf, er habe durch seinen Auftritt in Köln den Staat sehenden Auges zum Zuschlagen provoziert, war innerhalb der Logik des Gruppenkonsens berechtigt: Biermann hatte den Staat herausgefordert, statt ihn zu überlisten, er brauchte sich über die Folgen nicht zu wundern. In dem Vorwurf schwang aber auch der Haß gegen den einzelnen mit, der sich nicht an die Überlebensregeln der Gruppe hält: mit seinem Vorstoß erinnert er die anderen daran, daß sie die Unterdrückung womöglich zu lange und zu schlau ertragen haben.

Am Abend werde ich immer unruhiger und zerknirschter über dem elenden Grün, den Störchen und Rehen, den tickenden Wanduhren, dem ewigen Gefresse und Gesaufe und den Gesprächen, die sich um Rangeleien mit Verlagen und der Parteibürokratie drehen, über der entsetzlichen Geduld in diesem Kleinkrieg. Jede Geschichte wird dreimal wiederholt, weil immer ein neuer Landbewohner hinzukommt. Ich sitze satt und verlegen daneben, kämpfend mit meiner Langeweile und dem schlechten Gewissen.

Das mußt du einmal sehen, wenn die Sonne scheint.

Wieder zurück in Berlin, bekommt Pommerer noch einen Westgast zu Besuch. Seine Bekannte packt gleich nach dem Guten Tag eine Stange Gauloise und die Plastiktüte mit dem

Mindestumtausch auf den Tisch; ich kenne die Frau mit dem runden Gesicht und den leicht hervorquellenden Augen aus Westberlin. Sie steht, nicht nur aus alphabetischen Gründen, obenan in den Verteilerlisten aller Komitees, deren Name mit dem Wort »Solidarität« anfängt. Wenn irgendwo auf der Welt ein Menschenrecht mit Füßen getreten wird, ist es, als trage diese Frau am eigenen Leib blaue Flecken davon. Immer spricht sie in einem Tempo, als sei sie eben einer Hundertschaft verfolgender Polizisten entkommen; ihr Gesicht ist gezeichnet von fremdem Leid.

In Pommerers Wohnung erlebe ich sie so ruhig, wie ich sie niemals in Westberlin fand. Im Osten, so scheint es, kann sie sich von den Strapazen des Kampfes im Westen erholen, hier endlich findet sie teilnehmende Zuhörer, hier kann sie Atem schöpfen. Der empfindliche Ausgleich funktioniert aber nur, solange sie in dem Gefühl, aus der schlimmsten aller denkbaren Welten zu kommen, nicht durch östliche Leidensgeschichten beeinträchtigt wird. Der Gedanke, sie könnte im Westen trotz allem gewisse Freiheiten genießen, und sei es nur die der Bewegung, würde ihr Gewissen unerträglich belasten. Da sie ihre Identität aus ihrem Status als Verfolgte bezieht, darf sie sich keines Privilegs schuldig machen.

Jeden Hinweis auf gewisse Lebenseinschränkungen im Osten sucht sie deshalb durch Schreckensmeldungen aus dem Westen zu überbieten. Den Fall eines unbekannten DDR-Schriftstellers, der wegen seiner Unterschrift unter eine Bittschrift an die Regierung verhaftet wurde, pariert sie sofort mit einer Berufsverbotsgeschichte. Kommt das Gespräch auf Versorgungsschwierigkeiten im Osten, nennt sie Zahlen über die Arbeitslosen zu Hause, die die Apfelsinen im Schaufenster sehen, aber nicht kaufen können. Mag sein, daß es im Westen mehr Wohnraum gibt, aber dafür ist er unbezahlbar; zwischen Anmeldung und Erwerb eines Kleinwagens verstreichen im Osten bis zu zwölf Jahre, zugegeben, dafür verstopfen die leicht zu erwerbenden Autos im Westen die Städte und Sinne ihrer Bewohner; es stimmt, daß man im Westen Kritik immerhin äußern kann, aber dafür ist sie vollkommen wirkungslos. Und schließlich beweist die Unterdrückung oppositioneller Schriftsteller im Osten, daß sie immerhin ernst genommen werden.

Ich kenne diesen Gesprächsmechanismus aus eigener Erfahrung und suche ihn zu vermeiden: der fortschrittlich gesinnte Westbesuch sucht den östlichen Freund oder Bekannten über dessen Lage – in die sich der Westbesuch gern versetzt, aber nicht geraten möchte – zu trösten durch den Nachweis, daß alles im Westen noch schlimmer sei. In Abgrenzung von den Westmedien sieht er seine Aufgabe darin, jede Illusion über den Westen zu zerstören, und bleibt ihnen dennoch gehorsam im entscheidenden Punkt: der Zwang zum Vergleich verstellt den Blick auf die eigene wie auf die fremde Gesellschaft. Jede Beobachtung wird durch die sofort einsetzende Fahndung nach einer Entsprechung jenseits der Mauer außer Kraft gesetzt, bevor sie gemacht ist. Die Frage, ob ein Satz auch von Leuten gesagt werden könnte, mit denen man keinesfalls verwechselt werden möchte, rangiert vor der anderen, ob er wahr ist. Das Aufrechnen ersetzt die Wahrnehmung und reduziert das Zuhören auf ein abwehrendes Nicken kurz vor der Gegenrede.

Ein Freund Pommerers hat sich einmal über dieses Gesprächsritual lustig gemacht mit dem Satz: »Es ist schon merkwürdig, wenn uns manche Leute, die uns hier besuchen, immer nur von den Mißständen im Westen erzählen. Wo man so gern einmal hinführe, um sich die Mißstände anzusehen!«

Um so erstaunter beobachte ich jetzt, daß Pommerer der Westbeichte mit einer gewissen Befriedigung folgt. Offenbar erfüllt die Westbekannte ein Bedürfnis, das ich leerlaufen lasse, womöglich noch gar nicht bemerkt habe. Bisher versuchte ich, die Haltung eines Fremden einzunehmen, der sich auf nichts als auf seine Wahrnehmung verläßt. Zuerst war Pommerer neugierig auf die Reaktionen, die dieser fremde Blick auf seine Lebensumstände hervorrufen würde. Inzwischen macht seine Neugier mehr und mehr dem Bedürfnis Platz, seinen Alltag gegen die Dreistigkeit, auch Dummheit des ersten Blicks in Schutz zu nehmen. Unvermeidlich erinnert ihn mein Erschrekken über bestimmte Lebenseinschränkungen, an die er sich längst gewöhnt hat, an eigene erste Gefühle, die er als unbrauchbar verworfen hat. Immer öfter kontert er solche Regungen bei mir durch den Hinweis auf Parallelerscheinungen im Westen.

Vor ein paar Tagen zum Beispiel fand er eine Drucksache im Briefkasten, verfaßt von einer Kommission für Ordnung und Sicherheit. Das Formular enthält die Nummer der Wohnung, den Namen des Mieters und fordert auf, Verstöße »gegen die Ordnung, Sauberkeit und die Meldepflicht, die Sie in Ihrer Hausgemeinschaft beobachten, zu melden. Entsprechende Mitteilungen sind zu richten an die HGL« (Hausgemeinschaftsleitung).

»Und was ist mit euren Kontaktbereichsbeamten?« dämpft Pommerer meine Reaktion auf diese Aufforderung zum Spitzeldienst. »Einem Freund in Charlottenburg wurde kürzlich die Wohnung gekündigt. Der Kob hatte im Auftrag des Hausbesitzers herausgefunden, daß mein Freund eine Frau bei sich wohnen ließ, die keinen Untermietervertrag besaß. Bist du schon einmal auf die Idee gekommen, diesen freundlichen Onkel mit seinem Sprechfunkgerät mit einem Blockwart zu vergleichen?«

Ein Abschnittsbevollmächtigter ist nicht dasselbe wie ein Kontaktbereichsbeamter ist nicht dasselbe wie ein Blockwart. Wir mögen sie noch so abwehren – Pommerer und ich sind längst angesteckt von der Krankheit des Vergleichens.

Abends die Fernsehnachrichten: das DDR-Fernsehen beginnt mit Dokumentarbildern über die Offensive einer Befreiungsbewegung in einem mittelamerikanischen Land. Die Belegschaften von 40 Fabriken hätten den Aufruf zum Generalstreik befolgt, 800 Soldaten einer Kaserne seien zu den Aufständischen übergelaufen; entgegen allen Dementis der US-Regierung würden von mindestens vier US-Militärbasen aus Anti-Guerillaeinheiten ausgebildet und unterstützt. Der Sprecher nennt als Nachrichtenquelle den Rundfunksender der Befreiungsbewegung: Liberacion.

Eine halbe Stunde später verliest der Sprecher des Westfernsehens eine Kurzmeldung über die gleiche Offensive. Der Streikaufruf sei in der Hauptstadt kaum befolgt worden, in allen großen Fabriken sei die Arbeit wie gewöhnlich aufgenommen worden, nur einige Läden in den Vororten seien geschlossen gewesen; die Regierungstruppen hätten Erfolge gegen die Guerilleros zu verzeichnen. Der Sprecher dieser Nachricht beruft sich auf eine Erklärung der regierenden Junta.

Wahrscheinlich treffen beide Nachrichten zu. Der Streikaufruf der Befreiungsbewegung ist auf dem Land weitgehend befolgt worden, in der Hauptstadt hat der Terror der Todesschwadronen und der Regierungstruppen den Streik zum Erliegen gebracht. Zweierlei Wahrnehmung des Kampfes in einem weit entfernten Land: beide deutschen Programme geben nur den Teil des Geschehens zur Wahrnehmung frei, den die Programmmacher wahrhaben wollen.

»Im Prinzip hat sich bei euch doch kaum was geändert«, meint Pommerer. »Die alten Kräfte, demokratisch bemäntelt, im Bund mit den Reaktionären der ganzen Welt. Bei uns wurden wenigstens einmal die Klassenverhältnisse umgekehrt. Die heutigen Machthaber in der DDR, übrigens auch die Vertreter der intellektuellen Opposition, kommen fast alle aus kleinen Verhältnissen. Es sind tatsächlich die Söhne der Arbeiterklasse. Was ist denn bei euch passiert? Was habt ihr Vergleichbares zu bieten?«

»Aber alle deine Argumente – die Umkehrung der Klassenverhältnisse, der Aufbau eines antifaschistischen Staates, die Unterstützung der fortschrittlichen Kräfte in der Dritten Welt – beziehen sich auf die Vergangenheit oder auf Verhältnisse draußen, jenseits der Mauer«, antworte ich. »Dein Satz vom besseren Deutschland wird immer nur aus der Vergangenheit bewiesen, nicht aus dem Jetzt und Hier.«

»Es hat Jahrhunderte gedauert«, entgegnet Pommerer, »bis sich die kapitalistische Demokratie entwickelt hat. Warum erwarten wir, daß die sozialistische in ein paar Jahrzehnten reif ist?«

Da ist sie wieder, die Konservensprache, die Staatsgrammatik, die brav gelernte Lektion. Nein, ich bin kein x-beliebiger Fremder, der nichts als seine fünf Sinne im Gepäck mitgebracht hat. Die Fremde, aus der ich komme, heißt Bundesrepublik Deutschland, und meine Wahrnehmung ist wie die Pommerers vorherbestimmt durch ein halbes Land, das seine Identität seit dreißig Jahren aus der Abgrenzung gegen die andere Hälfte bezieht. Was eigentlich würde geschehen, wenn beide deutsche Regierungen ein Jahr lang Urlaub machten, die Nachrichten- sprecher und Kommentatoren ein Jahr lang schwiegen, die Grenzposten sich ein Jahr lang an der Adria und am Schwarzen Meer erholten und die Regierten anfingen, in Ost-West-Ver- handlungen einzutreten? Sie würden – nach einer kurzen Umar- mung – herausfinden, daß sie ihren Regierungen viel ähnlicher sind, als sie vielleicht hofften. Es würde sich herausstellen, daß sie den biographischen Zufall, in verschiedenen Besatzungszo- nen aufgewachsen zu sein, aus denen dann zwei gegensätzliche Gesellschaftssysteme wurden, längst zu ihrer Sache gemacht haben. Spätestens bei der Frage, in welcher Hälfte ein Leben vorzuziehen sei, würde sich der Streit, den beide Staaten täglich über die Medien führen, in den Wohnzimmern fortsetzen. Wer bisher Zuhörer war, müßte nachträglich beginnen, in den zweidimensionalen Sprechern im Fernseher den eigenen, stark vergröberten Schatten zu erkennen.

Free-Jazz im »Haus der jungen Talente«: so heißt ein Schloß, das früher Mitgliedern der preußischen Königsfamilie als Stadtwoh- nung diente. Um eine rechteckige Bühne sitzen, Gläser mit gespritztem Orangensaft oder Rotwein in den Händen, etwa zweihundert Jugendliche in merkwürdig aufrechter Haltung und lauschen dem Geräuschinferno, das sechs Instrumentalisten in der Mitte des Saales entfesseln. Keine Regung, weder Zustim- mung noch Befremden, drückt sich in den Gesichtern aus, nur eine staunende, ununterbrochene Konzentration. Die Musiker führen ihre Instrumente durch ein genau geplantes Klanglaby- rinth an eine Ausdrucksgrenze, an der die Klavierhämmer, Cellosaiten, Saxophonklappen, Trommelhölzer wie in einem Explosionsblitz zu verglühen scheinen. Das Zerschlagen aller festgeschriebenen Klangsysteme, Rhythmen, Harmoniefolgen wirkt in dem geschlossenen Raum wie ein Versprechen, ein Aufruhr, der durch die Sprache und damit auch durch die Zensur nicht zu lokalisieren ist. Als der letzte Trommelwirbel verhallt ist, prasselt ein kurzer heftiger Beifall durch den Saal; die Musiker treten vor zu einer fast militärisch knappen Verbeugung und packen die Instrumente ein.

Anschließend begleitet Pommerer mich die kurze Wegstrecke zum Bahnhof Friedrichstraße durch die nachtdunklen Straßen. Plötzlich bleibt er vor einem Bauzaun stehen und deutet mit einer triumphierenden Geste auf einen schwarzen Fleck.

»Fünf Buchstaben, tatsächlich!« flüstert er. »Es waren fünf Buchstaben!«

Ich starre auf das schwarze Rechteck, das im Licht einer Baulampe allmählich Konturen gewinnt. Unter der Übermalung, die jemand mit einem breiten Pinsel aufgetragen hat, erkenne ich eine blassere Unterschicht; am oberen und unteren Rand des Rechtecks sind die Reste von Buchstaben erkennbar.

»Und was hat dort gestanden?« frage ich.

»Fünf Buchstaben!« wiederholt Pommerer. »Sagt dir das nichts?«

Ich sage mir Namen vor und zähle die Buchstaben: Lenin, Bahro, Brecht, Brasch, die Auswahl ist groß.

Später stehe ich mit Pommerer in der Schlange vor dem Einlaß mit der Aufschrift: Bürger der Bundesrepublik Deutschland – Westberlin. Es ist zwei Minuten vor Mitternacht. Während der Sekundenzeiger auf die zwölf zuspringt, kommt für einen Augenblick südliche Herzlichkeit auf unter den Deutschen: Umarmungen, Tränen, Küsse. Die Zurückbleibenden warten, bis die Davongehenden ihnen endgültig den Rücken zuwenden.

»Bis übermorgen«, ruft Pommerer und verschwindet hinter den Armen der Winkenden.

»Guten Abend«, sage ich zu dem Grenzbeamten, der mir wortlos aufs Ohr sieht.

»Guten Morgen«, verbessert er mich mit einem Blick auf die Normaluhr. Es ist tatsächlich zwei Minuten nach zwölf.

III

Beim Anblick der breiten Rückleuchten an den Autos, des fahlen Schaufensterlichts, des sich drehenden Mercedessterns auf dem Europacenter überfällt mich die Sucht, die den Autofahrer nach zweihundert Transitkilometern auf der Berliner Avus ergreift: durchtreten, endlich wieder die Sau rauslassen. Endlich wieder nach Mitternacht ein Bier bestellen, eine Zeitung kaufen, eine handgeschriebene Speisekarte in der Hand halten, in ein verlebtes Westgesicht schauen, den Morgen abwarten im Gesumm von Stimmen und Liedern. Der Umstand, sie länger entbehrt zu haben, macht diese längst schal gewordenen Genüsse wieder unwiderstehlich.

Um den Tresen sind die vertrauten Gestalten versammelt, wenden sich dem Hereinkommenden zu mit verlöschendem Blick, in dem jede Hoffnung zugeschwemmt ist. Das einzige wache Wesen ist Esther, die Frau hinter dem Tresen. Sie kennt die Trinkgewohnheiten, Schuldenzettel, Liebesgebrechen ihrer zahlenden Sklaven und überblickt alle Bewegungen im Raum.

»Eine komische Geschichte!« sagt sie zu mir und erwischt in diesem Augenblick einen anderen Gast an der Jacke. »Du zahlst aber, bevor du gehst! – Jedenfalls kam dann Bill ans Bett, während ich mit Marlow zugange war. Damit das klar ist, sagt er, jetzt muß einer von beiden verschwinden, Bill natürlich, oder ich werde auf der Stelle verrückt. – Kannst du den Sherry nicht selber einschenken, Katt? Nein, Birne hab ich nicht mehr, er soll Pflaume trinken, den Unterschied merkt er jetzt sowieso nicht mehr.«

Sie holt eine Gulaschsuppe aus der Küche am anderen Ende des Tresens und setzt von dort aus, während sie Brot und Besteck auf den Unterteller legt, ihre Erzählung fort.

»Bill ist dann tatsächlich gegangen, aber dieser Marlow ist viel sensibler, als er aussieht, einfach unwahrscheinlich offen und herzlich, der war in drei Tagen hier populär, und er sagt, er kann unter diesem Druck nicht ficken, mit Bill vor der Tür, er packt das einfach nicht, und ich ja eigentlich auch nicht. – Drei Wodka, zwei Halbe, Moment mal, hier war noch ein Halber, wer zahlt den? – Jedenfalls habe ich Bill eine halbe Stunde später angerufen, und er sagt, ich soll sofort zu ihm kommen! – Was geht es, zu langsam? Leute, ihr seht doch, ich habe zu tun! – Ich bin dann im Regen zu ihm hin, drei Tage hat diese Quälerei gedauert mit Bill, und der Marlow war inzwischen schon wieder bei seiner Rockband in Milano. Bin ich blöde, mich so schnell zu entscheiden? Werde ich diesen lahmarschigen Bill, den ich immerhin drei Jahre kenne, gegen so einen schwarzen Kometen eintauschen?«

Ein Klümpchen Schminke hat sich in ihren langen Wimpern verfangen, und während sie sie mit den Fingern zurechtzupft, lacht sie und schließt mir aus dem anderen Auge noch einen spottlustigen Blick zu. Gleich darauf erinnert sie mit strengem Gesicht einen Gast an seine vergessenen Kurzen.

Später sitze ich am Tresen neben dem Leiter irgendwelcher berliner Festspiele. Wie ich ihm erzähle, woher ich komme, sieht er mich an wie einen Reisenden, der von einer Safari zurückgekehrt ist.

»Kann man denn so einfach hinüber?« fragt er und läßt sich, gleich wieder weghörend, erklären, wie man ein Visum beantragt, wann und wo man es abholt, welche Grenzübergänge.

»Finde ich toll«, sagt er dann, »daß du das machst. Ich war zuletzt vor zehn oder fünfzehn Jahren drüben, dann nicht mehr. Meine Frau ist Jüdin und hält es dort drüben nicht aus. Es erinnert sie alles zu sehr an den Faschismus – die Vopos, die Straßen, die Gesichter.«

»Und hier – fühlt sie sich nicht erinnert?«

»Nicht so stark. Aber vielleicht sind wir ungerecht und sollten wieder einmal einen Versuch unternehmen. Das wäre doch eigentlich wichtig – oder? Da sitzt man hier, nur ein paar Kilometer entfernt – eigentlich eine Schande, findest du nicht? Ist es denn wahr, was du erzählst? Gibt es drüben wirklich intelligente Leute deines Jahrgangs, die zu ihrem Staat stehen?«

»Sagen wir lieber: zu ihrem Gesellschaftssystem. Auch wenn sie sich als Oppositionelle verstehen, wollen sie noch lange nicht das westliche System.«

»Aber liegt das nicht einfach daran, daß sie zu wenig Informationen über den Westen haben?«

> Would you like to go with me
> down my dady's street
> would you like to come with me
> village ghetto land

singt Steve Wonder, während der Rauchschleier zwischen den Gesichtern dichter wird und jede Stimme zur eigenen.

»Was ist das für eine Kneipe, wie heißt denn das jetzt?« fragt ein alter Mann in einem Straßenmantel und weiß nicht, ob er sich setzen soll. »Hier saß doch immer der Egon, es ist der gleiche Stuhl, ja und der Tresen, das ist doch derselbe, aber alle diese Plakate hier und die jungen Frauen, wo ist denn der Egon geblieben? Wird hier denn überhaupt noch Bier ausgeschenkt?«

»To do is to be (Plato)« lese ich auf der Wand über dem Pissoir. »To be is to do (Marx).« »Dobedobedoo (Sinatra).«

Im Osten wird gebaut, im Westen renoviert, zumindest in der Straße, in der ich wohne. Die Baugerüste der Fassadenerneuerer haben, nachdem sie im Zickzack von einem Haus zum anderen umgesetzt wurden, auch das Haus mit den zwei Kneipen erreicht. In dem schütteren Hinterhoflicht sehen die Bretterabteile zwischen dem Stahlgerüst wie Theaterränge aus, der Innenhof wirkt wie der Zuschauerraum einer italienischen Oper, von der das Dach weggesprengt ist. Der schräg stehende Mond setzt Lichter auf die Schuttberge an den Wänden und taucht die Ränge unter dem Dachfirst ins Spotlight. Wie das Hoflicht verlischt, künden Stöckelgeräusche einen Auftritt an.

Eine Dame in großer Robe, die sich nur in der Adresse geirrt haben kann, tänzelt mir zwischen den Mülleimern entgegen und lächelt mich an. Die blonden Locken sind frisch gerollt und fallen über eine schwarze Stola, in die kleine Silbersternchen eingenäht sind; goldene Kettchen klimpern an den Handgelenken, um den Hals hängt funkelnder Schmuck. Künstliche Wimpern schimmern an den Augenlidern, ein Schönheitspfläs26terchen läßt die Haut über den üppigen Lippen zart und durchsichtig erscheinen.

»Kennst du mich nicht?« flüstert die Dame und öffnet die Lippen zu einem schmelzenden Lächeln. »Noch nie von Frieda Loch gehört?«

Sie kichert mit dunkler Stimme, wirft das Bein mit dem Netzstrumpf herum und biegt schwungvoll um die letzte Mülltonne zur Haustür.

»Frieda Loch hält, was andere Löcher nur versprechen!« ruft sie mir nach und nestelt den Hausschlüssel aus einem silbernen Handtäschchen.

Nur an der scharfen, gebogenen Nase und der Stimme habe ich in der etwa fünfzigjährigen Diva meinen immer heiteren Nachbarn erkannt.

Den möglichen Ernst hinter dem Satz »Wir rufen uns an« habe ich erst durch Robert kennengelernt. Er ist nahezu immer telefonisch erreichbar und erwartet das gleiche von mir. Inzwischen glaube ich, an der Art und Heftigkeit des Klingelns erkennen zu können, ob Robert am Telefon ist.

Roberts Nummer ist besetzt. Es verstreichen zwanzig Minuten, bis das Rufzeichen ertönt. Robert ist an diesem Morgen im Autosalon gewesen. Seit Wochen trifft er telefonische Vereinbarungen mit Autovertretern und läßt sich vorführen, was der Westen an Autos zu bieten hat. Ich weiß nicht, wie er es schafft, die Vertreter von der Ernsthaftigkeit seines Kaufwunsches zu überzeugen. Mit seinen drei Tage alten Bartstoppeln, dem kragenlosen Hemd sieht er nicht gerade aus wie jemand, der das Bargeld für einen Jaguar aus der Gesäßtasche zieht. Tatsache ist, daß die Vertreter für ihn immer wieder die Schaufensterscheibe aufkurbeln, um irgendein frisch poliertes Schmuckstück auf die Straße zu rollen.

Vermutlich überzeugt Robert sie weniger durch die Extravaganz als vielmehr durch die Unerfüllbarkeit seiner Ansprüche.

Elektrische Fensterheber, Ledersitze, hölzernes Armaturenbrett gehören für ihn zur Minimalausstattung. Aber alle Autos, die diesen Ansprüchen genügen, lassen hinsichtlich der Karosserie, Beinfreiheit, Schaltweise mindestens einen Wunsch offen, dem wiederum nur die Konkurrenzmarke Rechnung trägt. Jedenfalls kann Robert sich nicht entscheiden. So kommt es, daß es kaum ein Modell der Luxusklasse gibt, in dem er sich noch nicht über den Kurfürstendamm hätte fahren lassen. Meine ambivalenten Gefühle gegenüber solchen Autos findet Robert kleinmütig. Wenn man schon im westlichen Sumpf lebt, dann bitte mit allem Komfort, den man sich leisten kann. Die Klassengegensätze, die westdeutsche Intellektuelle etwa zwischen einem Golf-Cabrio und einem Jaguar entdecken, findet Robert zum Lachen und sieht sie – hier ganz orthodox – als Widersprüche im bürgerlichen Lager an. Und da er nun einmal dazu gezwungen ist, seine Brötchen beim Klassenfeind zu verdienen, hält er sich lieber an die Spitze: Breschnew verhandelt schließlich auch lieber mit dem amerikanischen Präsidenten als mit dem Vorsitzenden der westdeutschen kommunistischen Partei. Da der Sozialismus, wie er ihn versteht, hier doch nicht zu verwirklichen ist, orientiert er sich lieber gleich am Mechanismus der Konkurrenzgesellschaft – und zwar, weil sie damals noch am entschiedensten war, an dem des Frühkapitalismus. Das tut er mit der Unschuld eines Eroberers, der auf keinerlei Widerstand trifft. Mit unverbrauchter Kraft setzt er sich an die Schalthebel einer Zivilisation, deren Hervorbringer längst altersschwach in den Betten liegen.

Diesen Morgen hat Robert einen amerikanischen Wagen getestet, der fast alle unmöglichen Eigenschaften in sich vereinigt: Ledersitze, elektrische Fensterheber, getönte Scheiben, innen geräumig, außen klein, rasend schnell und sparsam im Benzinverbrauch. Wir treffen uns vor dem Autosalon, der Verkäufer hält Robert die Tür auf. Als hätte nie ein anderer Wagen zur Debatte gestanden, fragt Robert den Verkäufer nach den technischen Daten eines Mercedes 280 SE.

»Los, setz dich da rein«, sagt Robert zu mir, während ihm der

Verkäufer die Wagentür öffnet. »Ich möchte sehen, wie er dir steht. Dein Citroen ist sowieso reif für den Schrott.«

Lange betrachtet er mich durch die Frontscheibe, schüttelt erst langsam, dann immer entschiedener den Kopf.

»Es geht nicht. Du wirst ein anderer Mensch.«

Dann zeigt er mir das Auto seiner jüngsten Träume.

Vor uns steht ein silbernes Geschoß mit dem Frontaufbau eines Kampfflugzeugs, über weißen Ledersitzen wölbt sich eine Art Kuppel aus getöntem Glas, die eine Rundumsicht gestattet, der Tachometer endet bei 240. Robert läßt sich von meinem Gelächter anstecken, aber in seinen Augen sehe ich ein kampflustiges Glitzern.

»Tut mir leid«, sagt er zu dem Verkäufer, der wieder Hoffnung geschöpft hat, »Sie sehen ja, der Wagen gefällt meinem Freund nicht.«

Robert fragt nie, wird mich auch diesmal nicht fragen, was ich in der Zwischenzeit erlebt habe. Ich bin für ihn längst das Mitglied einer nicht sehr großen, aber festverbundenen Familie und muß seine Aufmerksamkeit nicht durch irgendwelche Neuigkeiten verdienen, Anwesenheit genügt. Zu Anfang hat mich diese Weigerung verwirrt, Neugier, gar Überraschung zu zeigen. Der Fragende zu sein, dies war mein Eindruck, erschien ihm wie eine Schwäche. Später sah ich in dieser Haltung einen notwendigen Schutz, auch eine Stärke, um die ich ihn zu beneiden begann. Die Verletzung der Regel »Laß dich nicht überraschen« würde ihn einer Flut von Irritationen aussetzen. Wo immer er ist, Robert steckt sofort seinen Raum ab und bildet ein festes Gerüst von Gewohnheiten aus: Zeitungskiosk, Frühstückscafé, Telefon, Post, Buchladen, Kneipe. Einigen, nicht vielen, die neue Nummer durchsagen, beim gleichen Kellner das gleiche Getränk bestellen, mit dem Wirt, nicht mit dem Kellner ein Gespräch beginnen, nicht drei, sondern einen Flipper ausprobieren und den richtig kennenlernen. Ich kann die letzten drei Monate bei den Indianern am Amazonas verbracht haben: Robert wird ein Zweimarkstück in den Automaten einwerfen, mir den Vortritt beim ersten Spiel lassen und zuhören, nachdem ich verloren habe.

Bevor wir die nächste Runde ausspielen, erzähle ich die Geschichte von Lutz und den beiden Willy. Robert hört aufmerksam zu, überlegt eine Weile, bestellt die nächste Runde Wodka und Bier und fragt dann, ohne ein Wort über die drei Kinogänger zu verlieren: »Kennst du die Geschichte von Walter Bolle, der auf eigene Faust Krieg gegen die DDR führen wollte?«

Walter Bolle hatte vor seiner Ankunft im Westen insgesamt sieben Jahre in DDR-Gefängnissen abgesessen wegen immer desselben Delikts: ungesetzlicher Grenzübertritt, versuchte Republikflucht, versuchter Grenzdurchbruch. 1973 wurde er im Zuge des deutsch-deutschen Menschenhandels für etwa 50 000 DM an die Bundesrepublik verkauft. Im Notaufnahmelager Gießen erhielt er die Aufenthaltsgenehmigung für die Bundesrepublik und begab sich von Gießen sofort zum Hauptquartier der US-Streitkräfte in Heidelberg. Er verlangte den Chef des militärischen Abschirmdienstes zu sprechen und gab dem Pförtner als Grund an, er wolle etwas gegen die DDR unternehmen. Er wurde nicht vorgelassen. In einer süddeutschen Kleinstadt fand er Arbeit in einer Metallfabrik als Fräser; da ihm die Akkordarbeit und die Unterbringung in einem Wohnheim mit Gastarbeitern nicht gefiel, gab er seine Stelle nach kurzer Zeit wieder auf.

Bald darauf fiel Walter Bolle zum ersten Mal im Westen polizeilich auf. Vom Gelände seiner Firma hatte er einen Mercedes-LKW gestohlen und die Grenze nach Österreich durchbrochen. Er wurde zu sechs Monaten auf Bewährung verurteilt. Danach bewarb er sich bei der Bundeswehr als Zeitsoldat; er wollte sich in Sabotage und an schweren Waffen ausbilden lassen. Auch die Bundeswehr wollte nichts von ihm wissen. Deshalb bot er seine Dienste der französischen Fremdenlegion an. Walter Bolle wurde auf der Insel Korsika stationiert, erhielt eine Ausbildung in Sabotage und an schweren Waffen, desertierte nach Abschluß der Ausbildung und gelangte über Marseille und Genf in die Bundesrepublik zurück. Dort fand er Unterkunft bei einem anderen Deserteur, den er in der Legion kennengelernt hatte.

Diesen Bekannten versuchte er für folgenden Plan zu gewinnen: beide Exlegionäre sollten in je einem Teil Deutschlands Kampfgruppen aufbauen, dann mit ihren Kampfgruppen von Osten und Westen gegen die Mauer vorrücken und sie in breiter Front niederreißen.

Natürlich ließ sich niemand, nicht einmal der befreundete Exlegionär, von Bolles Plan begeistern. Bolle ging nach Westberlin zurück, sprang in Lübars über die Mauer und erklärte den Grenzsoldaten, die ihn festnahmen, daß er nach Hause wolle, im Westen sei doch nichts los. Nach tagelangen Verhören, in die sich der Staatssicherheitsdienst einschaltete, wurde Bolle von einem Offizier dieses Dienstes eröffnet, daß er vor seiner endgültigen Heimkehr eine Bewährungsprobe bestehen müsse. Er müsse sich des Privilegs, in der DDR leben zu dürfen, würdig erweisen, indem er in den Westen zurückkehre und dort für den Staatssicherheitsdienst Aufgaben erfülle. Nur so könne er beweisen, daß sein Gesinnungswandel von Dauer sei.

An diesem Punkt beginnt sich die Geschichte im Nebel beschränkter Aussage-Genehmigungen, widersprüchlicher Angaben der Freunde, vor allem aber in Bolles Erinnerung zu verwirren. Vor dem Kammergericht in Westberlin behauptete er später, er habe die Anwerbung vorausgesehen, sogar beabsichtigt. Es sei ihm selbstverständlich bekannt gewesen, daß freigekaufte Häftlinge aus der DDR nicht legal in ihr Land zurückkehren dürften. Deswegen habe er nicht nur mit seiner Verhaftung, sondern auch mit dem Anwerbeversuch gerechnet. Er sei zum Schein darauf eingegangen, da dies der einzige Weg gewesen sei, um in die DDR zurückzukehren und dort noch ein »paar Rechnungen zu begleichen«. Von Anfang an sei es sein Ziel gewesen, den Staatssicherheitsdienst zu unterwandern und alle Mitarbeiter, die ihm bekannt würden, an die Amerikaner zu verraten.

Fest steht, daß Bolle für den Staatssicherheitsdienst Aufträge ausführte. Auf einem geheimen Weg namens Ho-Tschi-Minh-Pfad wurde er in den Westen zurückgeschleust und begann sogleich mit der Arbeit. Seine erste Aufgabe bestand darin, die Stationen seines Weges im Westen zurückzugehen und dem Staatssicherheitsdienst darüber Berichte und Bildmaterial zugänglich zu machen. Über die Gefühle, die ihm bei dieser Erinnerungsarbeit kamen, ist nichts bekannt. Aber es läßt sich denken, daß er mit einer gewissen Genugtuung, wenn nicht mit einer Regung von befriedigter Rache die Pforte des US-Quartiers in Heidelberg fotografierte, auf dem Gelände der Metallfabrik herumspionierte, den Meister ablichtete, den Speisezettel der Werkskantine abschrieb, frühere Kollegen im Wohnheim interviewte, ihre Klagen über die Fron der Akkordarbeit auf Zettel notierte und mit unsichtbarer Tinte auf Kontaktpapier übertrug. Mit ähnlichen Rachegefühlen mag er – auch dies offenbar Testaufgaben – dem Auftrag nachgegangen sein, die Gäste eines Lokals zu charakterisieren, in dem er früher verkehrt hatte; sein besonderes Augenmerk sollte er dabei auf Personen richten, die heimliche Liebesverhältnisse unterhielten oder homosexuelle Neigungen zeigten.

Mit den gewonnenen Erkenntnissen begab sich Bolle zum verabredeten Zeitpunkt auf den Ho-Tschi-Minh-Pfad, zeigte an der Einlaßtür sein Erkennungszeichen vor – das Abziehbild eines Leopard-Panzers – und sprach seinem Führungsoffizier auf Band, was er noch nicht aufgeschrieben hatte. Da Bolles Berichte zur Zufriedenheit ausfielen, wurde er als fester Mitarbeiter des Ministeriums für Staatssicherheit verpflichtet und mit neuen Anweisungen in den Westen geschickt. Auftragsgemäß meldete er sich bei der westberliner Politischen Polizei und gab sich dort als Agent zu erkennen. Seinem Vernehmer erzählte er die ganze unglaubliche Geschichte seines Werdegangs – wie aus dem Feldherrn eines gedachten Krieges gegen die DDR ein Mitarbeiter des Ministeriums für Staatssicherheit geworden war – mit einer winzigen Umdrehung, die womöglich der Wahrheit entsprach: er habe sich nur zum Schein durch den Stasi anwerben lassen, um sich für die erstrebte Arbeit in westlichen Nachrichtendiensten zu qualifizieren. Danach beschrieb er bereitwillig seinen östlichen Führungsoffizier, gab dessen Decknamen preis, erzählte von einem Goldzahn im rechten Unterkiefer und von einer immer etwas zu hochsitzenden Armbanduhr, die womöglich eine Tätowierung verdeckte. Bolle verschwieg nur, daß er dies alles in östlichem Auftrag tat und sich während seines Geständnisses die entsprechenden Merkmale seines westlichen Vernehmers einprägte.

Es ist nicht sicher, aber wahrscheinlich, daß die westberliner Politische Polizei ihrerseits Bolle als Agenten verpflichtete. Die Tatsache, daß er in Westberlin nicht verhaftet wurde, spricht für sich. Ob nun in einfachem oder doppeltem Auftrag: unstreitig ist, daß Bolle kurz nach seiner Selbstentlarvung wieder den Ho-Tschi-Minh-Pfad beschritt, um drüben Bericht zu erstatten. Dabei konnte er nahezu alle Formulierungen wiederverwenden, die er in Westberlin zur Charakterisierung seines östlichen Chefs und dessen Umgebung zu Protokoll gegeben hatte. Bis auf die Namen der Staatsoberhäupter, die gerahmt über den Köpfen der feindlichen Kollegen hingen, und dem Unterschied, der zwischen einer Metan- und einer Goldfüllung, einer Ruhla- und einer Schweizer Uhr besteht, erwies sich der Text als zeitlos. Wie von selbst korrigierte sich ein Stalin-Wort, das Bolle in der Schule gelernt hatte: »Die Führer kommen und gehen, das deutsche Volk bleibt.« Das Wort Volk war nur zu ersetzen durch: Lampenschirm, Tapete, Bürostuhl.

Von diesem Punkt der Geschichte an läßt sich nicht mehr unterscheiden, in wessen Auftrag Bolle eigentlich handelte: im westlichen, östlichen, eigenen oder gesamtdeutschen Auftrag. Am wahrscheinlichsten ist, daß Bolle selbst diese Frage nicht mehr beantworten konnte.

In der Folgezeit nahm er Kontakt zu einer Notgemeinschaft freier Berliner auf und beteiligte sich an Propaganda-Aktionen, besonders an solchen, die gegen die Mauer gerichtet waren. In der Gruppe fiel er bald dadurch auf, daß er alle Aktionen zu radikalisieren versuchte. Er brachte Anschläge gegen die S-Bahn ins Gespräch, regte die Aufstellung einer bewaffneten Schutztruppe an, wollte Flugblätter mit Ballons über die Mauer schicken. Den Leiter der Gruppe machte Bolles Ungestüm mißtrauisch. Da er sich in seiner Kampfansage gegen das sozialistische Unrechtssystem von Bolle allzu wörtlich genommen fühlte, suchte er ihn von den eigentlichen Aktionen der Gruppe fernzuhalten. Bolle rächte sich, indem er den Gruppenleiter bei seinem östlichen Führungsoffizier als Homosexuellen anschwärzte. Außerdem dichtete er ihm ein Vorhaben an, von dem er ganz allein träumte: die Gruppe plane einen illegalen Sender aufzubauen, der den Marsch aller Deutschen gegen die Mauer propagandistisch vorbereiten sollte. Seinem westlichen Führungsmann schilderte Bolle dasselbe Vorhaben als eine vom Osten gesteuerte Provokation.

Das Interesse beider Geheimdienste für den ominösen Sender gewann er allerdings erst, als er sich selbst an dessen Aufbau machte. Von einer Kreuzberger Dachwohnung aus predigte er den Krieg gegen die Mauer; so gelang es ihm eine Zeitlang, einen Rest seines alten Plans in die Tat umzusetzen. Indem er das Zerrbild bestätigte, das beide Staaten voneinander haben, und die entsprechenden Projektionen gegeneinander ausspielte, konnte er seinen eigenen Wahnsinn ausleben. Dabei ergab sich das Paradox, daß er jeden Schritt in dem doppelten Verratespiel mit Überzeugung tun konnte. Die Beteiligung an den Aktionen der Notgemeinschaft erschien ihm vermutlich ebenso richtig wie der Verrat dieser Aktionen an den Staatssicherheitsdienst, der Verrat seines östlichen Führungsoffiziers an den westlichen Gegenspieler ebenso notwendig wie die Umkehr dieses Verrats. Walter Bolle war in eine Lage geraten, in der er sich selbst am treuesten blieb, wenn er im Dienst beider deutscher Staaten beide aneinander verriet.

Ins Schwimmen geriet Bolle erst, als er merkte, daß keiner der beiden Auftraggeber sich an einer Zerschlagung des Senders interessiert zeigte. Beide wollten die Entwicklung erst einmal abwarten, vermutlich, um sich gegenseitig medienwirksam der Diversion beschuldigen zu können. In dieser Situation besann sich Bolle auf den Ausgangspunkt seiner Unternehmungen und

begab sich zum Militärischen Abschirmdienst der US-Streitkräfte. Dort stellte er sich als ein Mitarbeiter vor, der schon seit
einem Jahr unentgeltlich für die Amerikaner arbeite. Im Verhör
stellte sich allerdings heraus, daß Bolle in der ganzen Zeit außer
seinem Führungsoffizier keinen einzigen Mitarbeiter der Staatssicherheit kennengelernt hatte. Alles, was er zu berichten wußte,
waren der Deckname des Offiziers, seine persönlichen Kennzei-
chen und einige Einzelheiten über die Innenausstattung eines
Büros.
Die Amerikaner behandelten Bolle wie einen Spion des Staatssicherheitsdienstes und übergaben ihn der westberliner Justiz. Der
Richter des Kammergerichts charakterisierte den Angeklagten
in der Urteilsbegründung als einen Mann, der ausgezogen war,
auf eigene Faust Krieg gegen die DDR zu führen. Für den
Strafsenat blieb jedoch entscheidend, daß Bolle seinem Ziel
nicht näher gekommen sei, sondern im Gegenteil immer nur
westliche Personen gefährdet habe. Bolle wurde – unter Anrech-
nung der Untersuchungshaft – zu zehn Monaten Haft mit
Bewährung verurteilt. Als ich auf dem Einwohnermeldeamt
nach der Adresse von Walter Bolle fragte, erhielt ich die
Auskunft, Bolle sei unbekannt verzogen, es hätten aber schon
viele nach ihm gefragt.

Robert und ich sitzen draußen im lauen Abend, die Stühle und
Tische unserer Kneipe auf halbem Wege sind mit Gästen besetzt.
Während die Lichter auf dem Kurfürstendamm anspringen, tritt
ein junger Mensch an unseren Tisch. Um den Hals baumelt ein
Tuch, das vorne zusammengeknotet ist und sich jederzeit zur
Vermummung hochziehen läßt; die Latzhose und das Bauarbei-
terhemd weisen ihn als einen Angehörigen jener Generation aus,
die entschlossen scheint, die Arbeitskleider ihrer Väter aufzu-
tragen.
»Es ist besser, daß ihr hier weggeht«, teilt er uns im Tonfall eines
ungewöhnlich höflichen Polizisten mit, »hier kommen gleich
ein paar Leute und schmeißen die Scheiben ein«.
»Was ist passiert?«

»Im Hochsicherheitstrakt ist einer verhungert.«

Rings an den Tischen springen Gäste auf, drängen sich um die Kellnerin und wollen noch vor dem Beginn der angekündigten Schlacht die Rechnungen begleichen. Andere, die gerade bezahlt hatten, eilen zu ihren Autos und rasen mit brüllenden Motoren davon. Rechts und links rasseln Eisengitter herunter; dann sind schon die patschenden Einschläge zu hören, das prasselnde Bersten schweren Glases, kurz danach die Alarmsirenen von Geschäften, die aufheulen wie tödlich getroffene Tiere.

»Ich bleibe sitzen«, sage ich zu Robert. »Sie werden rechts das Juweliergeschäft einschmeißen, links den Autosalon, aber nicht die Fenster von Charlie. Da gehen sie nach getaner Arbeit selber hin und bestellen ein Bier.«

Robert ist aufgestanden, Fluchtreflex und die Lust am Mitmachen liegen im Widerstreit. Es sind kaum dreißig junge Leute, die gemächlich über den Kurfürstendamm schlendern. Die Gesichter sind von vielfarbigen Halstüchern vermummt, die Körper schmal wie von Hungerstreikenden, die Frauen nur zu erkennen an den weicheren Bewegungen und den Schulterknochen unter den weit überfallenden Ärmeln. Einige tragen aus Tüchern geknüpfte Beutel mit sich, aus denen sie Steine holen und an andere Demonstranten weiterreichen, die Anlauf nehmen und werfen.

Die Arbeit, eine Schaufensterscheibe in einem Autosalon zu zertrümmern, ist in zehn Jahren schwerer geworden. Ich beobachte einen vielleicht Siebzehnjährigen mit den Handgelenken eines Mädchens, dessen Stein mehrmals an der Scheibe abprallt und wie ein Gummiball aufs Trottoir zurückspringt. Erst als er die Wucht seines Wurfes durch einen Anlauf vergrößert hat, antwortet das Glas mit einem kurzen undramatischen Blapp. Das Loch, genauso groß wie der Stein, bildet sofort kristallene Ränder aus, von denen feine Risse strahlenförmig in die Glasfläche springen. Im gleichen Augenblick stößt das Glas wie mit eigener Stimme einen langanhaltenden Schrei aus, der sich mit den anders gestimmten Sirenen anderer Sicherungsanlagen mischt. Ein vielstimmiger Chor hebt zu singen an, jede Stimme um Fledermausfrequenzen verschieden; es ist, als folgten die Schaufenster der Partitur einer Zwölfton-Komposition, die sie nur aufführen, wenn sie getroffen werden.

Der Zug, der diesen Chor mit der immergleichen ausholenden Bewegung dirigiert, hat etwas Hordenhaftes in seiner Stummheit. Wie er in gemächlichem Tempo zwischen frisch polierten Messingrahmen, frisch geputzten Schaufenstern, frisch renovierten Häuserfassaden, frisch gefegten und gespritzten Trottoirs über den Kurfürstendamm zieht und gegen die Sprache der Motoren, der zur Zimmerlautstärke erzogenen U-Bahnen die Zwiesprache von Stein und Alarmanlage setzt, erinnert er an eine Szene aus einem italienischen Breitwandfilm: so muß es gewesen sein, als die Germanen, nur mit Äxten und Keulen bewaffnet, in das zerfallende Riesenreich der Römer einbrachen.

»Das ist der Verfall der Staatsmacht«, sagt Robert, ein uraltes Leuchten in den Augen. »Die Ruhe, mit der sie das machen! Das gibt es ja gar nicht!«

»Was heißt Verfall? Die Polizei ist überrascht worden, nichts weiter.«

»Das glaubst du doch selbst nicht. In der DDR, da wären in drei Minuten die Bullen da. Alle Seitenstraßen gesperrt, die U-Bahneingänge besetzt, in fünf Minuten alle festgenommen, und dann ab in die Produktion.«

Der Trupp ist weitergezogen, das Patschen des Glases und das Geschrei der Alarmanlagen entfernt sich wie ein Gewitter am Horizont. Wir sitzen allein an der Straße, die sich fast ganz geleert hat. Hinter den Schaufenstern sind Herren in Anzügen zu erkennen, die entweder ein Telefon oder einen Besen in der Hand halten, ihren Zorn am zerbrochenen Glas auslassen, das sie mit Schwung aus den Fensterlöchern auf die Straße schippen. Dann halten sie stumm Wache vor ihren plötzlich zugänglich gewordenen Waren.

»Es war alles nur ein Gerücht, es ist überhaupt keiner verhungert«, sagt der Wirt. Er habe gerade die Nachrichten gehört.

»Das ist es«, sagt Robert. »Das haben die sich gut ausgedacht.«

»Was?«

»Na hör mal! Erst kommt einer her und bittet uns höflich, in Deckung zu gehen. Und dann tritt, in angemessenem Abstand, die Wurftruppe auf und schmeißt in aller Seelenruhe von der Gedächtniskirche bis Halensee die Schaufenster ein! Wir sitzen jetzt eine Stunde und kein Mannschaftswagen weit und breit, nicht einmal eine Streife! Das soll mir niemand erzählen! Das ist eine abgekartete Sache!«

»Du meinst, die Halbwüchsigen, die wir gesehen haben, waren in Wirklichkeit Polizisten in Zivil?«

»Nicht alle, aber die Anführer.«

»Und was wäre die Absicht der Polizei gewesen?«

Robert sieht mich an wie ein Kind, das vor einem Puzzle sitzt und den offen vor ihm liegenden Schlußstein nicht findet.

»Du hast es doch selber gehört: Es ist noch niemand gestorben. Die ganze Aktion gründet sich auf ein Gerücht und wird von der Bevölkerung entsprechend bewertet. Aber es wird bald jemand sterben. Dann wird es keine Aktion mehr geben, weil die Empörung schon einmal fehlgeleitet war. Und die Polizei hat einen Grund, die Innenstadt abzuriegeln, noch bevor eine wirkliche Demonstration zustandekommt.«

Roberts Beweisführungen haben meist etwas Bestechendes: bevor man sie ablehnt, muß man erst einmal nachdenken.

»Und das hätte die Polizei alles vorausgeplant? Erst ein Gerücht, dann eine falsche Aktion inszeniert, um später, wenn das Gerücht wahr wird, eine echte Demonstration zu verhindern?«

»Was sonst!«

»Unsinn! Das war eine spontane Aktion. Und gerade weil sie spontan war, hat die Polizei nicht rechtzeitig reagieren können.«

»Du hast eine rührend naive Meinung vom Staat. Du schaust ihn an mit deinen Kinderaugen und glaubst, was du siehst.«

»Und du hältst den Staat für allmächtig. Alles, was geschieht, ist vorausprogrammiert, kontrolliert, von unsichtbaren Dirigenten gelenkt. Dir fehlt die Erfahrung der Studentenbewegung.«

»Hör bloß mit deiner Studentenbewegung auf! Die war doch genauso von oben eingefädelt. Wer hat denn die ersten Bomben in die Studentenbewegung gebracht?«

»Da kannst du wirklich nicht mitreden, davon verstehst du nichts.«

»Und ob ich mitreden kann. Das kannst du bei Hegel lesen: Die Quislinge der Geschichte –«

»Du zitierst falsch. Der Ausdruck Quislinge kommt bei Hegel gar nicht vor. Zitier lieber Marx, aber laß den Hegel in Ruh, den hast du doch gar nicht gelesen!«

»Jetzt reichts! Ich habe Hegel nicht gelesen? Ach ihr, mit eurer lächerlichen Westarroganz! Was wißt ihr denn . . .«

»Ich habe gesagt: der Ausdruck kommt bei Hegel nicht vor!«

»Wetten daß? Ein Kasten Sekt!«

»Schön. Damit du endlich aufhörst, dauernd Meinungen zu äußern über Dinge, von denen du keine Ahnung hast.«

»Und du, du paßt dich doch nur noch an. Windelweich bist du geworden, ein netter Sozialdemokrat. Der Staat hält dich an der langen Leine, und du bildest dir ein, dich frei zu bewegen.«

»Mit deiner Paranoia kannst du vielleicht Gedichte schreiben, aber halte dich raus aus der Politik!«

»Sag das nochmal, dann kriegst du eins aufs Maul!«

»Ich hab gesagt, mit deiner Paranoia –«

»Herr Ober, zahlen. Ich kann einfach mit diesen Westheinis nicht mehr, mit diesen Sozialdemokraten. Ich hab schon viel zu lange mit euch . . . Ihr seid so . . . Schon wie ihr lebt – wie lebt ihr denn? Mit der gleichen Ahnungslosigkeit habt ihr bei den Nazis zugesehen –«

»Jetzt halt deine wahnsinnige Fresse, sonst polier ich sie dir!«

Wir sind längst aufgestanden, brüllen uns an zwischen zerbrochenem Glas, und während ein fahles Licht über den Dächern aufzieht, sehe ich uns mit müden, schweren Bewegungen aufeinander einschlagen, zornig unsere Lektionen lallend, gehorsam den Staaten, die nicht mehr in Sicht sind.

Es ist nicht der erste Streit dieser Art. Wir hören gemeinsam eine Nachricht, betrachten ein Zeitungsfoto, werden Zeuge eines Ereignisses und lesen aus ein und demselben Text zwei ganz verschiedene Botschaften heraus. Der Streit beginnt damit, daß ich den Text eher für bare Münze nehme, während Robert trainiert ist, zwischen den Zeilen zu lesen. Wo ich nur ein Ereignis sehe, vielleicht einen Zufall, erkennt Robert einen Plan, den es zu dechiffrieren gilt. Ein Bekannter, der in meinen Augen schüchtern ist, gibt sich in Roberts Augen nur schüchtern. Ein Kollege hat nicht einfach Erfolg, sondern ein Erfolgsrezept. Für Robert stellt sich die westliche Gesellschaft im Prinzip als ein gut organisiertes, von einigen Eingeweihten absichtlich in Unordnung gehaltenes Syndikat dar, in dem die Rechnung der Bosse aufgeht. Jede Regung in dieser Gesellschaft gehorcht wissentlich oder unwissentlich einem Plan; Zufälle, Unfälle, Pannen sind eingebaut, die Welt wird von den Geheimdiensten beherrscht. Spontaneität, Eigeninitiative, freie Entscheidung – diese Helden der westlichen Gesellschaft sind für Robert Märchenfiguren, erfunden für Leute, die nicht zugeben wollen, daß sie es eigentlich besser wissen.

Der Vorteil dieses Wahns ist, daß an allem, was geschieht, etwas Äußeres Schuld hat. Robert ist, im guten wie im bösen, immer noch aufgehoben in einem Staat, der für alles die Verantwortung trägt, Robert ist niemals selber schuld.

Indem ich diesen Einwand denke, kehrt er sich um. Wer hat eigentlich Vorteile von welcher Denkweise? Gründet sich nicht jede Karriere in der westlichen Gesellschaft, gleichgültig, ob es sich um die eines Sportlers, Unternehmers, Künstlers oder Rebellen handelt, auf den überzeugt vorgeführten Gestus, daß jede Initiative die eigene, jede Idee selbst erfunden, jede Entscheidung eine ganz persönliche ist? Was würde ich anfangen, wenn ich aufhören würde, die Schuld im Prinzip eher bei mir als beim Staat zu suchen, wie ich es gelernt habe? Wo hört ein Staat auf und fängt ein Ich an?

Mein Wahn, wenn es denn einer ist, verspricht auf dieser Seite der Mauer jedenfalls eher Erfolg.

Eine weiße Sonne steigt auf am Ende des Kurfürstendamms, der menschenleere Asphalt sieht aus wie gefegt, es ist so still, daß man das Klicken der Ampeln beim Umschalten hört. Wie wir auf der leicht abfallenden Straße nebeneinanderhergehen, entsteht der Wunsch, daß diese Bewegung andauern möge. Eine vergessene Vorstellung taucht auf, die sich mit Robert verband, als ich ihn zum ersten Mal sah: eines Tages würden wir uns gemeinsam auf eine Reise begeben, die nur im Unterwegssein ihr Ziel hätte, uns in einer Stadt trennen und in einer anderen wiederbegegnen, einen Weg hinabgehen, bis der Ausgangspunkt nicht mehr zu erkennen wäre. Warum sind wir nur hier geblieben im Schatten der Mauern, in denen jedes Wort, jeder Gedanke wie das Echo von etwas klingt, das längst und vergeblich gesagt wurde?

An der Ecke, an der die Straße zu seiner Wohnung abbiegt, bleibt Robert stehen. »Wir sind so –« fängt er an und bricht den Satz wieder ab, wie um ein deutliches Gefühl nicht durch einen zu genauen Ausdruck zu vertreiben.

»Wir sind viel zu vorsichtig miteinander – und zu sorglos«, sagt er dann. »Vergiß doch einmal, was du über mich weißt, steck mich doch nicht so fest! Ich glaube, wenn mir jetzt ein Horn aus der Stirn wüchse, du würdest sofort die Ursache nennen.«

In den Hinterhöfen hallt das Gebrüll der erwachenden Vögel wider, während wir uns verabschieden. Gegen Mittag wird Robert anrufen, fragen, wie ich geschlafen habe, den nächtlichen Streit in den Tag zurückholen. Später wird er eine seiner Lieblingsplatten auflegen, die Boxen voll aufdrehen, wissen, daß wir aus diesen schweren, von Orgel, Saxophon, Geigen begleiteten Liedern, die nur in geschlossenen Räumen zu Hause sind, die gleiche Botschaft heraushören.

Worum ging der Streit? Habe ich überhaupt mit Robert gestritten? In diesen Kampf zwischen zwei Wahrnehmungen war ich schon einmal verstrickt, gegen dieses Gefühl, jemand versuche die Kontrolle über die Schaltvorgänge in meinem Hirn an sich zu reißen, habe ich mich schon einmal verteidigt.

Das Bild, das ich mir anfangs von Lena machte, entsprach einem undeutlichen Wunsch nach Vervollständigung, nach einer Erfahrung, die ganz außerhalb läge und sich nicht einfügen ließe. Was mich anzog, war nicht nur das Geheimnis in ihrer Erscheinung, sondern die Ahnung, daß es vielleicht nie zu erraten war, eine Strenge und Verletzlichkeit in ihrem Gesicht, die diese Wörter gleichzeitig außer Kraft setzte, ein Lachen, das sich nicht mitlachen ließ. Zu sagen, daß dieser Wunsch nach Vervollständigung einer Himmelsrichtung gehorchte, wäre nur eine Behauptung im Nachhinein. Aber irgendeine nicht von uns entworfene Dramaturgie ging auf, als ich ihr auf der Gitarre nach Brassens- und Flamenco-Liedern ein paar Takte einer russischen Zigeunerromanze vorspielte. Ich konnte den Text nur phonetisch nachahmen, sie ihn berichtigen: Wsja duscha polna taschkayu.

Solche Lieder, die ich von Platten kannte und nachspielte, hatte Lena Abend für Abend aus den Fenstern einer russischen Kaserne gehört, gegenüber ihrer Wohnung in einer mecklenburgischen Kleinstadt. Wie Märchen erschienen mir die Geschichten von einem Leben jenseits der Mauer: von den Komsomolzen, die Lena von ihrem Fenster aus beobachtete, wie sie beim Frühsport mit nacktem Oberkörper über Hindernisse sprangen, von den Stimmen, den Sprachfetzen, den Liedern, die abends aus der Kaserne zu ihr herüberwehten und sich mit Erinnerungen an Geschichten von Dostojewski und Tschechow vermischten, von der kurzen Liebe zu einem russischen Piloten, der sie in der Kanzel seiner Militärmaschine verführte, mit ihr in den Himmel stieg und nach der Landung auf Nimmerwiedersehen verschwand. Bilder vom Schlittschuhlaufen auf zugefrorenen Seen, von weißstämmigen Birken im Frühling, von Ernteeinsätzen im Sommer erzeugten einen Eindruck von Weite, in die zu gelangen nicht möglich war.

Einige dieser Geschichten, vor allem solche, die in der Zeit nach Lenas Übersiedlung spielten, stellten sich später als echte Märchen heraus. Zwar ließ sich der italienische Graf, der Lena seine Hand angeboten hatte und sie auf seine Schlösser heimführen wollte, nicht mehr an sein Versprechen erinnern, weil er tödlich auf einer Autobahn verunglückt war; ein anderer Liebhaber aber, der angeblich zu Pferd durch Mexiko ritt und dort vergeblich Vergessen suchte, entpuppte sich nach und nach als der entsetzliche Buchhändler, der nachts vor meiner Wohnungstür lauerte und diese Gewohnheit auch dann noch beibehielt, als Lena und ich längst nicht mehr zusammen nach Hause gingen. Jeder Münchnerin hätte ich vermutlich empfohlen, sich von dieser Lust am Erfinden auf Krankenscheine zu kurieren. Lenas Geschichten dagegen empfand ich nicht als Lügen, sondern als Produkte einer Wunschenergie, die stark genug war, die Möglichkeits- in die Vergangenheitsform zu verwandeln.

In Gesten mehr als in Worten drückte sich ein überwältigendes Bedürfnis nach Ankunft aus. Manchmal, wenn Lena neben mir stand oder ging, ließ sie sich plötzlich fallen, als wolle sie prüfen, ob ich sie auffangen würde. Oder sie trat, nachdem wir uns gerade begrüßt hatten, wieder ein paar Schritte zurück und lief noch einmal auf mich zu, als wolle sie sich vergewissern, daß ich derjenige sei, der sie in die Arme schließen würde. Beim Auseinandergehen drückte ihre Körperhaltung ein ähnliches Mißtrauen aus: eine kurze Zeitlang blieb sie trotzig stehen, wie dicht vor dem Umfallen. Jede Distanz, die über Armeslänge hinausging, schien schon zu groß.

Das Bedürfnis nach ununterbrochener Nähe wurde verstärkt durch das Gefühl einer ständigen Zurückweisung durch das Leben im Westen. Wie eine Schwarze auf der 5th Avenue in Manhattan bewegte Lena sich durch die Schaufensterstraßen Westberlins und prallte überall ab. Der Westen war ihr ein Knäuel von Widersprüchen, Halbheiten, leeren Versprechungen, ein anderer Erdteil, nur von Oberflächenhitze erwärmt, darunter ewiges Eis. Beziehungen wurden angeknüpft, um sie gleich wieder aufzugeben, Namen erfragt, um sie morgen schon zu vergessen, Anrufe versprochen, obwohl man gleich wußte, daß sie ausbleiben würden: das falsche Lächeln, die künstlichen Zähne. Die politische Enttäuschung galt zuerst nicht einmal der antikommunistischen Ausrichtung der Gesellschaft, sondern dem Salonton dieses Antikommunismus, dem mit nichts Ernstmachen. Die Politiker waren Alkoholiker, Falten durchzechter Nächte unter den Augenlidern; nichts, was gesagt wurde, war wirklich gemeint. Der Westen war falsch und verlogen, und Lena bestand mit dem Wahrheitssinn eines Kindes auf dem Wortlaut.

Ihre Weigerung, hier heimisch zu werden, bestärkte mein eigenes Unbehagen. Lena besaß die Autorität einer Erfahrung, die der meinen überlegen war. Ihr trotziges, angriffsbereites Auftreten erfüllte mich mit Stolz, so, als würde ich mich einer Gefahr stellen, der meine Bekannten auswichen. Erst später fiel mir Lenas Eigenart auf, vorauswissend zu nicken, wenn ich etwas erzählte, das sie unmöglich wissen konnte: als würde sie durch eine Frage, ein Zeichen von Überraschung etwas von sich hergeben, das sie nie mehr zurückholen konnte. Manchmal benutzte ich absichtlich Fremdwörter, um sie zu einer Nachfrage zu veranlassen. »Warum nickst du, das kannst du doch gar nicht kennen, du vergibst dir doch nichts, wenn du fragst.« Aber alle meine Erfahrungen oder Beobachtungen wurden sofort durch eine zustimmende oder abwehrende Geste eingeordnet, dienten als Beweismittel für eine Haltung. Aus Gesichtsfalten, Redewendungen, einer Körperhaltung las Lena ganze Biographien; Bekannte waren zureichend beschrieben durch die Unfähigkeit, ihr beim Reden in die Augen zu schauen. Ein Satz wie »Die Rechnung stecke ich ein, die setze ich ab« genügte, um einen allessagenden Blick zu mir herüber zu werfen, und ich sollte der Eingeweihte sein. Ein Foto, eine kurze Inhaltsangabe reichte aus, um einen Film beurteilen zu können: »Den brauchen wir nicht zu sehen.« Unter Lenas Blick verrieten sich Leute unentwegt. Mehr und mehr schien ihr ganzer Wahrnehmungsapparat darauf gerichtet, jemanden bei einem Fehler zu ertappen. Und da der Fehler gesucht wurde, wurde er immer gefunden. Er bestand darin, daß sich jemand als Teilhaber eines Unterdrückungs- und Ausbeutungszusammenhangs verriet, und er verriet sich durch das Auto, das er fuhr, die Wohnung, die er bewohnte, die Kneipe, in der er verkehrte.

Nach einer kurzen Zeit des Vertrauens, das der Tast- und Geruchssinn stiftete, griff das Mißtrauen, das sich in Lenas Mundwinkeln eingenistet hatte, nach mir. Es war ein Verdacht, der jeden unabhängigen Schritt in die Außenwelt als eine Fluchtbewegung auffaßte. Eine Reise allein in ein entferntes Land war nur um den Preis einer tödlichen Verletzung durchzusetzen, jeder Reisegrund erschien dann als Vorwand. Der Anruf einer früheren Freundin, ein Kneipenabend allein, ein Fleck im Bettlaken verrieten Kontakte zu einer Welt, gegen die wir uns doch verschworen hatten! Lenas Bedürfnis nach Nähe äußerte sich erst als Verdacht gegen alles, was mich entfernte, dann gegen mich: »Solange hat die Kneipe doch gar nicht auf, warum gehst du überhaupt hin, neulich hast du gesagt, deine Freunde gehen dir auf die Nerven.« Stunden konnte die Rekonstruktion des Vorgangs beanspruchen, durch den ein Kugelschreiber, der mir nicht gehörte, in meine Jackentasche gelangt war. Tage währte ein Streit, der sich an der Frage entzündete, ob ich eine Nummer der Zeitschrift »Konkret« wegen eines Artikels von Rudi Dutschke oder eines nackten Busens gekauft hatte. Die Behauptung, ich hätte die Zeitschrift ausschließlich wegen Rudi Dutschke gekauft, machte alles noch schlimmer, sie entsprach der Wahrheit ebensowenig.

Auf Lenas Verdacht antwortete ich zunächst mit einem wütenden Beharren, dann damit, daß ich ihm Nahrung gab. Erst jetzt und mit ihr im Rücken traute ich mir zu, lange aufgeschobenen Bedürfnissen nachzugehen: ich reiste, wärmte Freundschaften auf, die mir bis vor kurzem als oberflächlich erschienen waren, fand plötzlich Gefallen an Männerabenden. Je öfter ich Lena allein ließ, desto verzweifelter wurden die Mittel, mit denen sie meine Nähe erpreßte. Es häuften sich Situationen, in denen ich teilnahmslos zusah, wie sie in Gefahr geriet, Fälle unterlassener Hilfeleistung.

In der Schlange vor einem Fahrkartenschalter in Kopenhagen lehnte sie sich plötzlich von hinten an mich. Ein Mann, der mir zuvor durch ein wüst zerklüftetes Gesicht aufgefallen war, hatte ihr in die Haare gegriffen und den Kopf hintenüber gerissen. Als ich mich umdrehte, war er verschwunden. Beim Anblick eines anderen Verfolgers krampften sich ihre Finger in meinen Arm. Es war ein immer schwarz gekleideter Mann, der uns in Berlin häufig begegnete und, wenn wir dachten, wir hätten ihn abgeschüttelt, plötzlich wieder hinter uns auftauchte. Sie spüre eine zerstörerische Kraft von ihm ausgehen, etwas Mörderisches, eines Tages, wenn er sie allein antreffe, werde er sie umbringen, von hinten erschießen. Dann gab es die im Schritt fahrenden Mercedes, die heruntergekurbelten Fenster, hinter denen namenlose Gesichter nach dem Preis fragten, die lauernden Schatten in Hauseingängen, die Blicke im Verkehrsgewühl, die Lenas Brüste durchbohrten, das geile Geflüster, die tastenden Hände.

All diesen Angriffen war sie ausgesetzt, weil ich sie allein gelassen hatte; jeder Versuch, die Anlässe herunterzuspielen, entlarvte mich als Komplizen. In wenigen Monaten war ich als Teilhaber eines korrupten Systems kenntlich geworden. Alle Koordinaten standen von nun an fest: ich der Verwöhnte, leicht zu Verführende, der Unfähige, Bindungen einzugehen. Sie, die es immer schon schwerer gehabt hatte, dafür aber wußte, was sie wollte: die Entschlossene, die Reine, die Schuldigsprechende. Dieser Streit tobte sich bis in die Grammatik hinein aus. Anspielungen, Metaphern, Zweideutigkeiten in meinen Sätzen erschienen als Versuch, etwas zu verbergen, die Verwendung des Konjunktivs, auch wenn er grammatikalisch geboten war, als etwas Gekünsteltes, als Beweis für einen Mangel an Gefühl, an Direktheit. Vor allem verabscheute Lena Ironie, jede Art des Sprechens, das sich der Frage entzog, wie es genau gemeint sei. Sich klar verhalten, es eindeutig sagen, sich stellen – das erbärmliche Gegenteil dazu: sich heute so und morgen anders äußern, anders reden, als man handelt, und nicht sagen, was man denkt.

Lena selber bei einem Widerspruch zu ertappen hieß, ihre Existenz in Frage zu stellen. Eine Erfahrung, die einmal gemacht worden war, brauchte nicht wiederholt zu werden: Ich habe diese Erfahrung gemacht. Ein Satz, einmal gesagt, war ein Vertrag für die Ewigkeit: Ich habe das von Anfang an gesagt und bleibe dabei. Jede Entfernung vom Hauptsatz, vom Indikativ löste den Verdacht auf etwas Überflüssiges aus: Du brauchst das vielleicht, ich habe das nicht nötig. Der Ekel vor dem Überflüssigen ergriff auch den Körper. Der Anflug einer Bauchfalte, der Ansatz eines Doppelkinns waren ein Indiz für ein unklares Leben und lösten die Fahndung aus nach der Ursache. »Klare, gerade Menschen sind ein schönes Ziel«, heißt es in einem Lied einer Protestsängerin aus der DDR. In dieser Sehnsucht nach Klarheit und Entschlossenheit setzte sich noch bei seinen Gegnern die Erziehung eines Staates zu unverbrüchlicher Treue, kämpferischem Einsatz, eiserner Entschlossenheit durch.

Zuerst ging unser Streit nur um die Beurteilung von Wahrnehmungen, später um die Wahrnehmungen selbst. Hatte ein Freund den verletzenden Satz so gesagt, wie Lena ihn zitierte? Hatte oder hatte ich nicht angekündigt, vor Mitternacht zu Hause zu sein? Hatte oder hatte ich nicht gesagt, den oder die nie wiedersehen zu wollen? Waren es Lust- oder Schmerzenslaute, die aus der Wohnung nebenan drangen? Lenas verletzter Blick schnitt immer wieder Beobachtungen aus, die mir entgingen. Was mir entgangen war, kehrte wieder als Schuldgefühl: die Wahrnehmungslücke deckte eine Kumpanei zu der feindlichen Männerwelt draußen auf, und ich begann, zu gestehen. Vor allem hielten der Zweifel an Lenas Urteilen und das Festhalten an meinen der Verletzung nicht stand, die ich ihr damit zufügte. Gegen Herzschmerzen und Fieberanfälle war mit einem Streit um Wahrnehmungen nicht anzukommen.

Allmählich begann ich dann, mir Lenas Sehweise zu eigen zu machen. Ich erlernte sie wie eine fremde Sprache, ohne ihre innere Struktur zu verstehen, begann, die Sätze von Freunden mit Lenas Ohren zu hören, unter Männerblicken zu leiden, als sei ich das gestellte Jagdopfer, beim Anblick der Kioskbusen zusammenzuzucken, als würde mein Geschlecht verhöhnt, die Stadt, in der ich auf andere Weise nicht zu Hause war, mit Lenas Worten zu beschreiben. Es kam soweit, daß ich an Freunden, mit denen ich Jahre meines Lebens verbracht hatte, gesenkten Kopfes und ohne zu grüßen, vorbeischlich. Ich war in den

Innenraum hinter jenem Zaun gelangt, den Lena um sich herumgezogen hatte, und sah die Welt jenseits des Zauns nur noch als etwas Äußeres, von dem es sich zu reinigen galt.

Irgend etwas ist mit Pommerers Telefon nicht in Ordnung. Auch wenn ich nach jeder der zehn Nummern eine Pause lasse, ist am Ende kein Rufzeichen zu hören. Bei einem neuen Versuch gerate ich schon nach der sechsten Zahl in ein Gespräch zwischen zwei Frauen.

»Und wie geht es Ulli?«

»Der kam völlig fertig vom Volleyball zurück. Gleichgewichtsstörungen.«

»Da liegt er sicher wieder im Bett.«

»Ja, mit der Wärmflasche.«

»Männer sind so wahnsinnig ehrgeizig. Und hinterher zu nichts zu gebrauchen. – Sag mal, bist du überhaupt allein im Zimmer? – Und was ist mit Stefan? Du brauchst jetzt nur mit Ja oder Nein zu antworten. Zieht ihr nun zusammen oder nicht?«

»Nein.«

»Ist wohl doch nicht die große Liebe?«

»Doch.«

Die Leitung wird unterbrochen, und ich wähle Pommerers Nummer noch einmal.

»Und du hast Ulli noch nichts davon gesagt?«

»Nein.«

»Ist eben auch eine schwierige Entscheidung.«

»Ja.«

»Aber du siehst Stefan noch?«

»Ja.«

»Aber alles aufs Spiel setzen deswegen will man auch nicht.«

»Nein.«

»Na, Hauptsache, Ulli kommt wieder auf die Beine. – Hört der etwa mit, da ist so ein Röcheln . . .«

Es entsteht eine Pause. Ich lege auf und wähle gleich darauf die nun schon vertrauten Stimmen wieder.

»Was sagst du eigentlich zu Andreas?«

»Zuerst hab ich gar nichts gesagt. Einfach nur losgeheult.«

»Geheult hab ich erst später, in der Kirche. Ich war einfach zu schockiert. Und alles so unerwartet.«

»Finde ich nicht.«

»Du meinst, du hast mit dem Unfall gerechnet?«

»Überrascht war ich jedenfalls nicht.«

Endlich gelingt es mir, alle zehn Nummern zu wählen. Diesmal halte ich das Rauschen in der Hörmuschel für das Netzgeräusch eines DDR-Telefons. Aber statt des Rufzeichens höre ich nur ein feines gleichmäßiges Blingbling, als falle eine Nadel auf eine metallische Unterlage.

IV

Die günstigste Zeit für den Grenzübertritt an der Heinrich-Heine-Straße ist mittags zwischen zwölf und zwei. Die Grenzübergangsstelle ist fast leer; nur ein anderer Reisender, der einen Schäferhund an der Leine hält, wartet unter einem Lautsprecher auf den Aufruf seiner Nummer. Ich könnte vorfahren bis zu der Baracke, aus der gleich ein Grenzer treten wird, um mir den Zettel mit der Laufnummer auszuhändigen. Aber ich kenne die Folgen, die ein unaufgefordertes Überfahren der weißen Linie hat: Der Grenzer wird mich zurückwinken und warten lassen, bis er die Zeit für gekommen hält, mir das Handzeichen zu geben. Auch wenn er schon bereitsteht, darf ich mich nicht dazu hinreißen lassen, bis zu ihm vorzufahren. Ich muß die heranwinkende Geste, die allein eine Annäherung gestattet, abwarten; andererseits darf ich sie nicht übersehen. Die Botschaft dieser Zeremonie ist deutlich und scheint beabsichtigt: ich nähere mich einem Staat, in dem auch das, was ohnehin geschieht, der Genehmigung bedarf.

Nachdem ich die Laufnummer erhalten und auf ein zweites Winken den Citroen geparkt habe, bezahle ich die Gebühr für die Straßenbenutzung, erledige den Mindestumtausch und stelle mich neben den Mann mit dem Schäferhund auf. Der Stuhl hinter dem Schalter, durch den die Pässe ausgehändigt werden, ist leer. Es wird zehn bis fünfzehn Minuten dauern, bis ich aufgerufen werde. Das ist die mindeste Wartezeit, mit der ein Reisender auch bei Verkehrsstille rechnen muß – ähnlich der Zeit, die ein aus großer Tiefe aufsteigender Taucher einhalten muß, um sich an die neuen Druckverhältnisse zu gewöhnen.

Eine meditative Stille entsteht. Die in meterhohen Beton eingefaßte Slalomstrecke, auf deren Randbefestigung Betunien blühen, mündet in eine einspurige Bahn zwischen den Grenzbarakken, die sich hinter dem Schlagbaum zu einer leicht ansteigenden Straße verbreitert und in einem nur noch der Form nach bebauten Horizont verliert. Wie Erinnerungen an Häuser wirken die Fassaden am Straßenrand; die Grenzstrecke gleicht einem ausgetrockneten Flußbett, das sich zwischen den Barakken endgültig verengt hat; jeder Durchfluß hätte etwas Verspätetes.

Der Grenzer ist in seiner Baracke verschwunden. Der wartende Mann neben mir starrt mit leerem Blick auf das zuckende Fell seines Hundes, als seien darunter die letzten noch möglichen Bewegungen aufbewahrt. Manchmal flüstert der Mann kurze Befehle, wie um sich der eigenen Stimme und der Reaktionsbereitschaft des Hundes zu versichern. Erst wie eine Lautsprecherstimme sich räuspert, bemerke ich, daß sich die Leere hinter der Schalterscheibe mit einem Gesicht gefüllt hat. Vielleicht hat der Grenzer die Tür zu seiner Zelle offengelassen: jedenfalls ist ein starker Zug in dem Schlitz unter der Schalterscheibe entstanden, und der Grenzer klatscht mit der Hand auf die Papiere des Hundebesitzers, als wolle er eine Fliege erschlagen.

Die patschende Hand hinter der Scheibe und das Rascheln der Papiere läßt die Ohren des Hundes zittern. Wie die Laufnummer seines Herrn durch den Lautsprecher aufgerufen wird, stellt sich der Hund auf die Hinterläufe; vor der Trennscheibe erscheint der Hundekopf zur Gesichtskontrolle. Der Hund fängt zu bellen an, und der Grenzer hat Mühe, dem ersten Schreck nicht nachzugeben. Der Uniformkragen hat eine weiße Kerbe in seinen Nacken gegraben; während sich der Grenzer vorbeugt und das Hundegebell durchs Mikrophon erwidert, füllt sich die Kerbe rasch mit Blut. Die zehnfach verstärkte Nachahmung stachelt den Hund zu noch wütenderem Bellen auf. Der Grenzer bellt aus vollem Hals zurück, beide stoßen dabei mit der Nase fast an die Trennscheibe, die von Menschen- und Hundeatem beschlägt. Keiner von beiden will klein beigeben, weit streckt der Grenzer den Kopf aus der Uniform, klatscht sich vor Vergnügen auf die Schenkel und bellt, bis die Grenzanlage vom Hundegekläff widerhallt.

Eine Ewigkeit scheint zu vergehen, bis der Hundebesitzer den Hund am Halsband zurückzieht und das Bellen des Grenzers in ein knallendes Lachen übergeht. Immer noch nach Atem ringend reicht er die Papiere des Hundebesitzers durch den Schlitz. Der Blick aufs Ohr ist längst überflüssig geworden, ein Hundefreund hat den anderen erkannt. Die gute Stimmung überträgt sich auf die andern Grenzer. Der Beamte vom Zoll, dem ich ein Buch zur Kontrolle reiche, das ich mitnehmen möchte, blättert freundlich die Seiten auf.

»Nu, wenn Se das selber geschriem ham, genn Se mir ja erglärn, was drin schdehd.«

Ich denke über eine Kurzrezension zu meinen Erzählungen nach.

»Es sind eigentlich alles nicht zustande gekommene Liebesgeschichten.«

»In Ordnung. Genn' Se midnähm.«

Pommerer kann die Frage, ob sein Telefon abgestellt sei, weder mit Ja noch mit Nein beantworten. Seit ein paar Tagen funktioniert das Telefon nur noch in einer Richtung: er kann zwar Gespräche herstellen, aber nicht empfangen.

Vor einigen Wochen hat Pommerer zusammen mit anderen Kollegen eine Erklärung an den Staatsratsvorsitzenden geschickt. Darin wurde die Bitte ausgesprochen, die Verurteilung eines Schriftstellers zu einer hohen Geldstrafe – er hatte ohne Genehmigung durch das Urheberrechtsbüro der DDR einen Roman im Westen veröffentlicht – zurückzunehmen. Seit diesem Brief geht das Gerücht, daß nun auch deren Verfassern der Ausschluß aus dem Schriftstellerverband droht.

Das gestörte Verhältnis von Pommerers Telefon zur Außenwelt mag auf diesen Brief zurückzuführen sein. Es ist aber genausogut möglich, daß es sich um einen technischen Fehler handelt, der behebbar ist.

»Seit Lenins Traum wahr wurde«, meint Pommerer, »und der Staat nach dem Vorbild der deutschen Post funktioniert, funktioniert die Post nicht mehr so gut«.

Später sagt er: »Wir haben hier nur eine Doppellaufflinte mit zwei Schüssen. Der erste Schuß war der Protest gegen die Ausbürgerung von Wolf Biermann. Der zweite ist dieser Brief. Jetzt ist die Munition verbraucht, mehr haben wir nicht. Die Frage ist nur, ob wir zur rechten Zeit den zweiten Schuß abgegeben haben.«

»Habt ihr das denn nicht gut überlegt?«

»Ich weiß nicht. Den Augenblick danach, als wir den Brief losgeschickt hatten, fühlte ich mich unheimlich gut. Aber ich weiß auch, daß dieses gute Gefühl aus der spontanen Handlung kommt, die gerade zur Folge haben wird, daß es womöglich jahrelang keinen Raum mehr für spontane Handlungen geben wird.«

In Pommerers Stammkneipe begrüßt uns der Kellner wie gewohnt. Die Kneipe ist beinahe leer, das lauteste Geräusch im Raum macht der Ventilator. Die Stimme im Lautsprecher habe ich zuletzt mit Robert bei Charlie gehört.

> They've been spending most their time
> Living in a pastime paradise
> They've been spending most their lives
> Living in a pastime paradise
> They've been wasting most their time
> Glorifying days long gone behind . . .

»Was macht deine Arbeit?« fragt Pommerer.

»In jeder Geschichte fehlt etwas, das eine andere hat, an der ich wieder etwas aus der vorangegangenen vermisse. Vielleicht gibt es die Geschichte gar nicht, die ich suche.«

Ich erzähle Pommerer die Geschichte von Walter Bolle, der auf eigene Faust Krieg gegen die DDR führte. Pommerer hört aufmerksam zu, überlegt eine Weile, bestellt die nächste Runde Wodka und Bier und fragt dann, ohne ein Wort über den Agenten auf eigene Faust zu verlieren: »Kennst du die Geschichte von Michael Gartenschläger und seinen zweiundzwanzigtausend Kameraden?«

Michael Gartenschläger aus Berlin-Straußberg war siebzehn Jahre alt, als die Mauer gebaut wurde. Wenige Stunden nach dem Mauerbau pinselte er mit vier Freunden Anti-Ulbricht-Sprüche und nationalistische Parolen auf die neue Wand; fünf Tage später wurde er verhaftet. Kurz zuvor hatte er die Scheune einer landwirtschaftlichen Produktionsgenossenschaft in Flammen aufgehen lassen. Das Gericht verurteilte ihn nach einem dreitägigen Schauprozeß wegen Diversion in Tateinheit mit staatsgefährdenden Gewaltakten und staatsgefährdender Hetze zu lebenslangem Zuchthaus. In den Zeitungen der DDR wurde Gartenschläger als »Schlosser, Rias-Hörer, Brandstifter, Vandale« prominent, ein »Individuum, das für immer aus der Gesellschaft isoliert werden« müsse. Im Zuchthaus Brandenburg, wo er die 10. Klasse der Polytechnischen Oberschule absolvierte und den Facharbeiterbrief als Dreher erwarb, tat er alles, um diesem Ruf Ehre zu machen. Während einer 17 Monate währenden Einzelhaft kletterte er auf den 56 Meter hohen Schornstein der Anstalt und forderte mehr Brot für Einzelhäftlinge: 600 statt 300 Gramm. Ein anderes Mal riskierte und erhielt er verschärften Arrest in Ketten, weil er einem Gefangenen Geld für einen Fluchtversuch zugesteckt hatte. Zwei eigene Fluchtversuche schlugen fehl. Erst nach knapp zehn Jahren wurde Gartenschläger von der Regierung des anderen deutschen Staates freigekauft, für 45 000 DM.

In Hamburg ließ sich Gartenschläger als Tankstellenpächter nieder. Seine Freiheit verstand er von Anfang an nur als eine Gelegenheit, dem in zehn Haftjahren angestauten Haß freien Lauf zu lassen. Etwas oder jemanden aus der DDR zu befreien, das war in dieser Zeit zum Lebensziel geworden.

Die ersten Jahre im Westen verbrachte Gartenschläger damit, Ausreisewilligen zur Flucht zu verhelfen. Er organisierte Fluchtunternehmen über Jugoslawien, Paßwechsel in Libyen; monatelang trug er sich mit dem Plan, den Verteidigungsminister der DDR zu entführen und in die Bundesrepublik zu schaffen. Als er sich in den meisten Ostblockländern beschattet fühlte, gab er diese Vorhaben auf. In den handlungsarmen Wochen, die folgten, dachte er daran, Diamanten aus einem Versteck in Südafrika zu befreien. In dieser Zeit fiel ihm der Bericht einer Zeitschrift in die Hände, der seinem Drang eine endgültige Richtung gab.

In diesem Bericht war die Rede von 22 000 Selbstschußautomaten, die auf etwa 200 km Länge seit 1971 an der Grenze zur Bundesrepublik montiert wurden. Den Experten war nur die Wirkung des Automaten bekannt: bei der geringsten Vibration des Grenzzaunes löst eine Zündung eine Treibladung aus, die etwa hundert scharfkantige Metallwürfel trichterförmig verschießt. Der Mechanismus ist so sensibel, daß wenige Zentimeter über dem Auslösedraht ein Sitzdraht für Vögel angebracht ist, um eine Auslösung durch Amsel, Drossel, Fink und Star zu verhindern. Da an jedem Grenzpfosten mehrere Trichter versetzt gegeneinander montiert sind, wird jeder Raumpunkt in einem Radius von 25 Metern von den Metallwürfeln erreicht. Ihre Wirkung gleicht der von Dum-Dum-Geschossen.

Den Hinweis, daß noch nie ein derartiger Apparat in den Westen gelangt war, verstand Gartenschläger als Berufung. In einer Märznacht schwärzte er sich Gesicht und Hände mit Ruß und schlich mit einem Helfer zu einem Grenzpfosten, den er zuvor mit Bedacht ausgewählt hatte: der Pfosten stand auf einem unübersichtlichen, von Büschen und Kiefern bewachsenen Gelände nahe dem niedersächsischen Büchen. Gegen die Schäferhunde der DDR-Grenzer streute Gartenschläger ein viertel Pfund Pfeffer im Umkreis des Pfostens, von einer Streife des Bundesgrenzschutzes sollte ihn der Helfer warnen, mit dem er durch eine fünfzig Meter lange Angelleine verbunden war.

Gegen zwei Uhr morgens machte sich Gartenschläger, auf einer Leiter stehend, daran, den gewählten Automaten abzubauen. In seinen späteren Berichten nannte er diesen Automaten nur noch »den Kameraden«. Die lebensentscheidende Wahl, vor die ihn der Kamerad stellte, bestand darin, unter den verschiedenen Kabeln jenes zu finden, das beim Durchschneiden die Zündung unterbrechen statt die Treibladung auslösen würde. Durch eine Überlegung, in der technische Institution und Todesmut um den Vorrang stritten, fand er das richtige Kabel und baute den Automaten ab. Dann machte Gartenschläger zusammen mit seinem Helfer einen Riesenlärm: sie wollten unbedingt das verdutzte Gesicht eines DDR-Grenzers bei der Entdeckung des Schadens fotografieren. Aber alles blieb ruhig.

Einige Wochen lang genoß Gartenschläger seinen Triumph. Für 12 000 DM verkaufte er den Kameraden an ein westdeutsches Nachrichtenmagazin, das ihn wissenschaftlich untersuchen ließ und das Ergebnis veröffentlichte. Die ganze westdeutsche Presse schrieb über Gartenschläger und verschaffte seiner Schadenfreude ein vielfaches Echo. Ihren Höhepunkt erreichte die öffentliche Erregung, als ein westberliner Journalist über die Entwicklungsgeschichte des Todesautomaten eine Behauptung aufstellte, die von eben jenem Nachrichtenmagazin wiederholt wurde. Danach seien die Apparate ursprünglich von der SS für die Gitter der Konzentrationslager entworfen worden; der Erfinder sei ein SS-Sturmbannführer Lutter gewesen. 1945 hätten die Sowjets die noch unausgereiften Konstruktionspläne erbeutet und sie später dem Geheimdienst der DDR zur Verfügung gestellt. In den fünfziger Jahren seien dann acht speziell ausgesuchte Häftlinge im sogenannten Intelligenz-Zuchthaus Hohenschönhausen mit der Weiterentwicklung betraut worden. 1960 seien die Pläne für den Automaten fertig gewesen, aber erst 1969 sei mit der serienmäßigen Produktion in den Sprengstoffwerken Schönebeck an der Elbe begonnen worden.

Indessen zog es Gartenschläger immer wieder zur Grenze, zu den 21 999 anderen Kameraden. In weniger als vier Wochen baute er 70 Kilometer südlich von Büchen einen zweiten Automaten aus, der allerdings in seiner Wohnung beschlagnahmt wurde. Die Staatsanwaltschaft Lübeck erhob Anklage gegen Gartenschläger wegen »Diebstahls einer einem Dritten gehörenden Sache«. Gartenschläger ließ sich dadurch nicht von seinen Erkundungsgängen an der Grenze abhalten. Einmal rief er aus zwei Metern Entfernung den DDR-Grenzern zu: »Seht das doch nicht so verbissen! Das dritte und vierte Ding hol ich euch auch noch weg!«

Seine Pläne waren nun ehrgeiziger geworden: er wollte den

dritten Kameraden mitsamt einem Stück Metallgitterzaun abbauen und am Fahnenmast der DDR-Vertretung in Bonn befestigen. An einem 1. Mai ging Gartenschläger zum zweiten Mal in den Grenzwald bei Büchen. Eigentlich wollte er dort nur die Leiter holen, die er bei seiner ersten Operation in den Büschen zurückgelassen hatte. Mit zwei Begleitern ging er zu der Stelle, an der die Leiter versteckt war. Dann aber muß der Metallgitterzaun eine unwiderstehliche Anziehungskraft auf ihn ausgeübt haben. Die Begleiter waren schon im Begriff, mit der Leiter unter dem Arm wegzugehen, da drehte sich Gartenschläger noch einmal zum Zaun: »Ach Scheiße, ich zünde noch so einen Kameraden, ehe wir weggehen, es geht ganz schnell.«

Gartenschläger wußte oder ahnte, daß nach seinem ersten Coup am Grenzzaun Sonderwachen aufgezogen waren, Scheinwerfer montiert, ein Beobachtungsbunker gebaut worden war. Wieviel Mühe Gartenschlägers Begleiter tatsächlich darauf verwandten, ihn vom Gang zum Zaun zurückzuhalten, bleibt allerdings fraglich; einer der beiden stellte sich später den Staatsschutzbehörden der Bundesrepublik als Mitarbeiter des Staatssicherheitsdienstes der DDR. Gartenschläger ging allein zu der Stelle, wo er den ersten Kameraden abmontiert hatte. In dem Augenblick, in dem er die Hand nach dem Ersatzkameraden ausstreckte, wurde er von den Geschossen aus mehreren Kalaschnikow-Schnellfeuergewehren niedergestreckt.

Pommerer hat die ganze Zeit mit gesenkter Stimme gesprochen; jetzt gewinnt das schabende Geräusch des Ventilators wieder die Oberhand und wird nur noch durch den Nachhall des Schlußchorals in Stevie Wonders Lied übertönt, das im Kopf zu einem endlosen Refrain wird:

>We've been spending too much of our live
>Living in a pastime paradise
>Lets start living our lives
>Living for the future paradise
>Shame to anyones lives
>Living in a pastime paradise.

»Pommerer?« fragt plötzlich eine Stimme so dicht neben uns, daß Pommerer zusammenzuckt, ehe er nickt. Ein junger Mensch ist an unseren Tisch getreten, schaut uns an wie alte Bekannte, sagt »Herr Ober, eine Runde für die Herren und mich – darf ich?« und zieht, ohne Pommerers Antwort abzuwarten, mit einem hochhackigen Slipper einen freien Stuhl vor den Tisch. Pommerer scheint vergeblich in seinem Gedächtnis nach einer früheren Begegnung mit dem Unbekannten zu suchen, der uns angrinst wie jemand, der sich immer willkommen fühlt. Er trägt eine schwarze Lederjacke, die Perlmuttknöpfe an dem Jeanshemd stehen offen und lassen krauses Brusthaar sehen, um den Hals baumelt ein Goldkettchen.

»Weiter so und nicht nachlassen!« sagt er und hält Pommerer die Faust mit hochgestellten Daumen vors Gesicht. »Und wenn es hart auf hart kommt, kommst du zu uns ins Kombinat. Wir schleppen dich dann schon durch!«

Pommerer starrt ihn ratlos an.

»Hab neulich im Fernsehen von eurem Brief gehört. Gut so! Nur nicht abhauen!«

»Und was soll ich in eurem Kombinat? Was machst du denn da?« fragt Pommerer.

»Facharbeiter für Warenbewegung«, erwidert der Unbekannte, »ich sage lieber Transporter. Sie haben mich eben ein bißchen zurückgestuft, weil ich auch so ein Querulant bin. Aber was soll schon passieren! Schlimmstenfalls stecken sie einen in die Produktion, und da bin ich ja schon. Was ich sagen wollte: wenn wir beide, du und ich . . . Also zusammen, da könnten wir schon . . .«

»Was denn?« fragt Pommerer.

»Wenn wir alle ziehn am gleichen Tau, erreichen wir das Weltniveau«, zitiert der Transporter und lacht.

»Du«, sagt Pommerer vorsichtig, »hör mal, wir sitzen hier ganz privat.«

»Das merk ich«, sagt der Transporter, stürzt seinen Wodka herunter, überlegt eine Weile, bestellt den nächsten und fragt dann, ohne ein Wort über Gartenschläger zu verlieren: »Kennt ihr die Geschichte von Schmetterling, unserem Botschafter in China? Schmetterling hat eine Macke, aber die hat jeder im Kombinat. Hab ich vielleicht keine, wenn ich hinter dem Rücken des Meisters Fratzen schneide vor Wut? Schmetterling hat ihn jeden Tag begrüßt: Guten Morgen, meine goldene Sonne! Schmetterling ist im Kinderheim aufgewachsen, Zähne hat er keine, Haare keine, Frau findet er nicht, aber arbeiten tut er für drei. Schmetterling klaut sich im Kombinat zwei Röhren für seinen Fernseher und wird erwischt. Sie suchen die Wohnung durch und finden Westgeld. Westgeld, wo hat er das her? Geangelt aus dem Brunnen am Alexanderplatz. Da schmeißen alle Touristen aus deutschen Provinzen ihre Märker rein. Der Unterschied ist: die Westmärker sind aus Nickel, die Ostmärker aus Aluminium. Was kann Schmetterling dafür, daß am Magneten von seiner Angel nur Westmärker hängen bleiben? Manchmal hat er in einer Nacht zehn Mark aus dem Brunnen geangelt. Da frage ich: ist der nun blöde, hat der nicht alle? Der ist doch verdammt pfiffig! Aber die Geschichte mit der Angel glaubt ihm natürlich keiner, sie schaffen ihn zum Betriebsarzt. Schmetterling steht also vor dem Betriebsarzt, der ihn schon ein paar Mal auf seinen Geisteszustand untersucht hat. Er stellt die berühmten Testfragen: Ob er unzufrieden ist, lieber woanders leben möchte, ein anderer sein will, als er ist. Klar, sagt Schmetterling, Botschafter zum Beispiel. Wo denn? Na möglichst weit weg, in China. Also Sie möchten Botschafter in China werden, sagt der Betriebsarzt, der übrigens eine Frau ist, und was für eine. Schmetterling ist nämlich schon lange scharf auf sie, und weil er denkt, daß ihr die Antwort gefällt, wiederholt er ganz ruhig: Na klar, was denn sonst! Botschafter in China! Danach haben sie ihn in eine Nervenklinik eingewiesen. Schmetterling heißt er, weil er immer ein Lied vor sich hingesummt hat: Schmetterling du fliegst so schön, in China werden wir uns wiedersehen. Wie ich dann gehört hab, was Schmetterling passiert ist, bin ich ausgerastet und habe dem Meister gesagt: Im Osten geht die Sonne auf, im Westen geht sie unter! Wang doi feng! Peng Peng! Das ging dann so eine Weile, bis sie mich nach meinem Personalausweis

gefragt haben. Da haben sei dann entdeckt, daß der Schutzum-
schlag mit lauter Parolen vollgeklebt war: Rolling Stones, fuck
it, let's go West, Coca Cola und so ein Kram. Das gab
Schwierigkeiten. Immer wieder die Bullen, die Fragen nach den
Parolen, bis ich gedacht habe, jetzt stelle ich sie zufrieden. Ich
hab einen handgeschriebenen Zettel in meinen Ausweis gelegt:
Dies ist mein sozialistisches Vaterland, in dem ich mich wohl-
fühle. Ich liebe die DDR. Hoch lebe die SED! DDR – Sowjetunion, Freunde für immer. Mit sozialistischen Grüßen: Schmetterling. Von da an hatte ich meine Ruhe! Ehrenwort! Was sollen sie
machen? Sie dürfen ja gar nicht zweifeln! Die sind so dämlich!
Wenn die uns nicht immer einbläuen würden, wie gut wir es
haben, könnten wir vielleicht zugeben, daß es uns gar nicht so
schlecht geht. Sie lügen aber so viel, daß man nicht mal die
Wahrheit für möglich hält. Was wollte ich sagen?«
»Noch einen Doppelten!« antwortet Pommerer.
»Richtig, aber kannst du mir mal deine Telefonnummer – Ich
meine, wir beide, wenn wir zusammen, also zusammen, da
könnten wir doch . . .«
»Mein Telefon funktioniert nicht«, sagt Pommerer erleichtert.
Auf dem Nachhauseweg sagt er: »Wenn du ausreisen, einreisen
und wieder ausreisen könntest, dann wäre das hier das beste
Land der Welt.«
»Warum?«
»Wegen der Menschen. Sie sind hier ernster, solidarischer,
hungriger.«
Ein Satz, schwer zu beweisen wie alle Sätze, die ein Gefühl, eine
Beobachtung in den Plural setzen. Dennoch erscheint er mir
richtig. Gleichzeitig drängt ein anderer Eindruck nach Verallge-
meinerung: Pommerer, ein Intellektueller im Sozialismus, hat
ungefähr so viel Kontakt mit den Arbeitern wie ich im Westen.
Er lernt sie kennen, wenn ein Wasserrohr bricht, die Fassade
erneuert wird oder ein Stuhl am Kneipentisch frei bleibt.

Anderntags sitzen wir vor den Abendnachrichten. Über die
Streiks in Polen meldet der östliche Sprecher, was die Regie-

rungszeitung »Tribuna Ludu« und die »Prawda« darüber schreiben. Von »antisozialistischen Elementen« ist die Rede, die Chaos und Anarchie säen und vom westlichen Ausland unterstützt werden. Der westliche Sprecher zitiert zum gleichen Thema ausschließlich die Verlautbarungen der polnischen Gewerkschaft Solidarität. Erwähnt wird noch, daß sich die Kampagne der Regierungsorgane gegen »antisozialistische Elemente« verstärke. Die Programmacher beider Staaten ähneln sich darin aufs Lächerlichste: aus dem eigenen Lager lassen sie nur die Meinung der Herrschenden, aus dem feindlichen Lager nur die der Unterdrückten zu Wort kommen.

Danach sehen wir eine Sendung des westdeutschen Fernsehens über die Geschichte der deutschen Teilung. Auf die Dokumentarbilder vom zerbombten Berlin sind Farben kopiert, als würde der Schrecken erst wahrnehmbar, wenn er sich auf der technischen Höhe des Mediums darstellt. Die stehengebliebenen Häuserfassaden erinnern an die präparierte Haut von ausgestopften Tieren. Daß es dahinter kein Leben mehr gibt, wird erst sichtbar, wie eine Frauengestalt am Bildrand erscheint, die suchend durch die Fassaden geht.

»Nur um die Trümmer in Berlin fortzuschaffen, rechneten damals die Experten aus, müßten zehn Güterzüge 16 Jahre lang täglich fahren. Aber sie irrten sich«, fährt der Sprecher fort, »schon acht Jahre später war Berlin wieder aufgebaut.«

»Im Westen, du Arschloch«, sagt Pommerer. »Wir mußten doch zehnmal länger arbeiten und aufbauen als ihr. Bei euch haben sie reingepumpt, bei uns rausgeholt, was ging.«

»Unmittelbar nach der Kapitulation«, behauptet der Sprecher weiter, »gingen die Sowjets im östlichen Teil der ehemaligen Hauptstadt zielstrebig daran, alle wichtigen Posten mit Kommunisten zu besetzen.«

»Was heißt Kommunisten«, fährt Pommerer dazwischen, »sie haben nicht belastete Leute gesucht. Und die Mehrzahl der Antifaschisten waren nun einmal Kommunisten.« Ich wende ein, auch Sozialdemokraten und Christen hätten gegen den Faschismus gekämpft.

»Die wurden ja von den Sowjets auch in die Ämter, Schulen und Verwaltungen gelassen, sie wurden sogar händeringend gesucht. Aber was dieser Sprecher verschweigt: bei den Wahlen 1946 in Berlin haben die Kommunisten zwanzig Prozent der Stimmen gewonnen.«

»Zwanzig Prozent sind nicht die Mehrheit.«

»Was heißt denn schon Mehrheit!«

»Das heißt, daß der Kommunismus bei euch nicht gewählt worden ist.«

»Genauso wenig wie eure amerikanische Demokratie.«

»Daraus folgt aber nur, daß beide Systeme nicht auf deutschem Mist gewachsen sind.«

»Gut«, sagt Pommerer. »Aber was war besser für ein Volk, das mit großer Mehrheit Hitler gewählt hatte: ein erzwungener Kapitalismus oder ein erzwungener Kommunismus?«

Die Mauer im Kopf einzureißen wird länger dauern, als irgendein Abrißunternehmen für die sichtbare Mauer braucht. Pommerer und ich mögen uns noch so weit in unseren Wünschen von unseren Staaten entfernen: wir können nicht miteinander reden, ohne daß ein Staat aus uns spricht. Wenn ich ebenso spontan auf Mehrheiten poche, wie Pommerer ihnen mißtraut, erweisen wir uns gleichermaßen als lernwillige Söhne des Systems, das uns erzogen hat. Die besitzanzeigenden Fürwörter »ihr« und »wir«, »bei uns« und »bei euch«, die bei jedem deutsch-deutschen Familientreff unterlaufen, sind nicht bloß die einfachen Kürzel, die Staatsbezeichnungen ersparen. Sie bezeichnen eine Art der Zugehörigkeit, die sich jenseits jeder politischen Option durchsetzt. Erst wenn die beiden Gesprächspartner die Lektion aufgesagt haben, die sich hinter dem Kürzel versteckt, kann ein Gespräch beginnen über ein Leben, das für jeden noch hinter der Mauer liegt.

Zweierlei Kriegserlebnisse: Pommerer lebt 1945 in Berlin am Prenzlauer Berg. Jeden Tag im Keller bei Bombenalarm, mittags eine halbe Stunde hinauf in die Küche zum Kochen. Der Vater hat eine Pistole zurückgelassen für den Fall, daß die Russen kommen. Vor der Vergewaltigung soll die Mutter die Kinder und sich erschießen. Die Russen kommen zu Fuß und mit Panzern. Es gibt Vergewaltigungen, aber nicht im Haus der Mutter, nicht in der Nachbarschaft. Andere Bilder bleiben haften: Ein Russe bindet die Kuh beim Großbauern los und bringt sie zu einer Deutschen, die ihr Neugeborenes nicht stillen kann. Schlitzäugige, mongolengesichtige Untermenschen kochen für die Besiegten, setzen Kinder auf die Panzer und verschenken Bonbons. Pommerers Scham über die Verachtung der geschlagenen Herrenmenschen gegenüber den Siegern mit dem tiefen Haaransatz, die nicht wissen, was ein Lichtschalter oder eine Serviette ist. Wo heute das sowjetische Ehrenmal steht, sind 15 000 Russen gefallen.

Ich bin 1945 mit der Mutter auf der Flucht vor den Russen in Bayern. Das Pfeifen der amerikanischen Tiefflieger, die auf offener Strecke haltenden Züge, 500 Tote sollen schon in dem Wald liegen. Die Amerikaner kommen in Flugzeugen. Später die Einfahrt der Jeeps in das oberbayrische Dorf, Säcke mit Zucker und Lebensmitteln werden auf die Straße geworfen. Die schönen sauberen Uniformen, die hellen Gesichter, die lässige Haltung des Beifahrers, der das Bein über das Trittbrett baumeln läßt. Dann die Care-Pakete, Truthahn, salted butter, yellow cheese in der Büchse. Die Amerikaner sind licht wie die Götter, kauen etwas, während sie reden, rauchen und verschenken Zigaretten. Sie vergewaltigen nicht, sie unterhalten Liebesverhältnisse. Reich sind sie, großzügig, weiße Zähne.

Der erste englische Satz, den Pommerer lernt: Ami go home.
Mein erster englischer Satz: Have you chewing-gum?
Aus solchen Unterschieden werden noch 35 Jahre später Rüstungsetats gemacht. Durch alle Zahlenkolonnen der Experten über die atomare Feuerkraft des Feindes geistern – als die gewichtigsten Faktoren – die Glaubenssätze, die in der Kindheit erworben wurden: Die Russen wollen die Welt erobern – oder: Die Russen wissen, was Krieg ist, und wollen den Frieden.

Das Haus meiner Tante in Dresden steht auf einer bewaldeten Anhöhe; durch die verglaste Wand des Wohnzimmers ist der

steil zur Stadt hin abfallende Obstgarten zu sehen. Die Innenein-
richtung erinnert an die Zeit, in der das westdeutsche Bürger-
tum allen Ecken und Kanten den Kampf angesagt hatte und sich
dabei am englischen Chippendale orientierte: zwischen solchen
schlanken oder bauchigen Oval- und Nierenformen fühlten sich
die Wir-sind-wieder-wer in Frankfurt und Hamburg in den
fünfziger Jahren wohl. Die zweistöckige Villa ist geräumig
genug für die vielfältigsten Wohnbedürfnisse: ein Privathaus,
wie es der Staat seinen leitenden Kadern zugesteht.

Dora – so nenne ich meine Tante nach vorsichtiger Einigung auf
ein Du, das durch keine vorangegangene Begegnung vorbereitet
ist – bewohnt dieses Haus seit dem Tod meines Onkels für sich.
Sie ist eine kleine, lebhafte Frau mit hellwachen Augen und
betrachtet den fremden Besucher, der sich ihr als Verwandter
vorstellt, als suche sie vergeblich nach einem Merkmal, das sich
wiedererkennen ließe. Mir kommt sie mit ihrer weltläufigen Art
und ihrem südländischen Temperament wie ein Meteorit vor,
der aus rätselhafter Ferne im Umkreis der sächsischen Pastoren-
familie eingeschlagen ist, der ich entstamme.

Warum habe ich meine Tante noch nie besucht, warum besuche
ich sie jetzt? Nach und nach, als das Familiensilber aus der Hand
gelegt und das Meißener Porzellan abgedeckt ist, stellen sich
Namen ein, Namen für einen verschütteten Teil der Familienge-
schichte, Namen aber auch für ein wachsendes Staunen, das nur
dem Augenblick gilt. Ich erinnere mich halbwegs, daß es weder
die deutsche Teilung noch der Mauerbau waren, die mir den
mütterlichen Zweig der Familie in immer größere Ferne ent-
rückt hatten; meine Überraschung aber gilt dem Eindruck, daß
ich hier, mitten im ärmeren Deutschland, den immer schon
privilegierten, großbürgerlichen Teil meiner Familie wiederbe-
gegne und daß dieser großbürgerliche Teil sich als immun gegen
die Macht der Systeme erweist.

Im Unterschied zu meiner Mutter hatte mein Onkel zielstrebig
den Weg eingeschlagen, der dem Sohn eines Reichstagsabgeord-
neten der Deutschnationalen Volkspartei offenstand. Während
meine Mutter sich den Zorn ihres Vaters zuzug, weil sie sich in

einen Korrepetitor und Organisten verliebte und weit unter ihrem Stand heiratete, blieb der Bruder im Milieu und erfüllte alle Erwartungen. Er studierte an einer technischen Hochschule, wurde Bergbauingenieur, später Bergbaudirektor. Mit den Kenntnissen, die er sich in diesem Beruf erwarb, vor allem aber als Erfinder eines Verfahrens zur Veredlung von Braunkohle, war er den Nazis so unentbehrlich wie später den Kommunisten. Pünktlich zur Machtergreifung schrieb er sich in die NSDAP ein. Nach dem Zusammenbruch des Hitlerregimes mußte er sich einem Entnazifizierungsverfahren stellen; wenige Monate später arbeitete er wieder in seinem Beruf, blieb in der sowjetisch besetzten Zone und trat 1948 – auch hier ein Mann der ersten Stunde – in die SED ein. Er wurde Direktor verschiedener Braunkohlekombinate, Träger zahlreicher Auszeichnungen und Professor an einer Hochschule. Da das neue Parteibuch genau wie das alte für einen Mann in seiner Stellung kaum mehr als eine Formalität bedeutete, die zu den Arbeitsbedingungen gehörte, bestand kein Grund, die Lebensgewohnheiten zu ändern. Wie vor dem Krieg traf sich mein Onkel mit den Freunden der Familie aus Bank, Handel und Industrie in Westberlin und ging gemeinsam Hobbys nach; wer wollte ihn schon durch die Verweigerung eines Reisevisums verprellen. Mit den Zeiten hatten sich zwar die Systeme geändert, und manchmal mag ein sanfter Ausläufer des Kalten Krieges das Segelboot erreicht haben, auf dem die Freunde, mal im Osten, mal im Westen, das Wochenende verbrachten, aber stärker als das Trennende war die Gemeinsamkeit, die der Erfolg stiftete: statt in einem baute man jetzt in zwei deutschen Staaten die Wirtschaft auf, und zwar, wie früher, in führender Stellung. Auf welcher Seite das geschah, wurde mehr durch die Schwerkraft von Besitz und Familie entschieden als durch eine Überzeugung. Man hatte eine Position in der jeweiligen Gesellschaft erreicht, von der aus Weltanschauungen sich als das darstellten, was sie womöglich immer schon waren: der Luxus der Minderbemittelten.

Während sich diese Skizze aus den Antworten der Tante auf meine Fragen zusammensetzt, wird meine Aufmerksamkeit mehr und mehr abgelenkt. Schon während des Abendessens habe ich den Eindruck gehabt, Schritte über der Decke zu hören, das Schnappen eines Türschlosses, die gedämpfte Stimme eines Fernsehsprechers. Alle diese Geräusche klingen, als sollten sie verheimlicht werden. Ich habe den Eindruck, daß jemand auf Zehenspitzen geht, die Türklinke ganz langsam herunterdrückt, den Fernseher auf Flüsterlautstärke stellt.

»Wohnt hier noch jemand?« frage ich endlich.

Meine Tante sieht mich betreten an. Sie müsse sich für das Verhalten ihres Sohnes entschuldigen, antwortet sie. Nicht Unlust oder Gleichgültigkeit hindere ihn, den unbekannten Neffen aus dem Westen zu begrüßen. Es sei unser gemeinsames Pech, daß mein Besuch in das zweite Jahr seines Dienstes bei der Nationalen Volksarmee falle. Den Soldaten wie übrigens auch vielen höheren Kadern in Wissenschaft, Technik, Verwaltung sei jeglicher Westkontakt untersagt. Nur im Ausnahmefall und durch ein rechtzeitig eingereichtes Gesuch sei eine Erlaubnis zu erlangen. Da ich meinen Besuch so kurzfristig angekündigt hätte, sei der Sohn nicht mehr in der Lage gewesen, seinen Wochenendurlaub zu verschieben. Deshalb müsse er mir nun die sicherlich merkwürdige Gesellschaft eines Verwandten bieten, der sich nur durch seine Geräusche bekannt machen könne.

Ich habe früher und auch später nie etwas Näheres über diesen Neffen gehört. Das Kontaktverbot, das er offenbar freiwillig einhält – denn wer, wenn nicht ein innerer Polizist, hätte ihn hindern können, wenigstens einmal den Kopf durch die Tür zu stecken – macht ihn zum Anlaß einer Verwechslungsphantasie. Wäre ich, unter gleichen Umständen, im gleichen Haus, am gleichen Ort wie der Neffe aufgewachsen, zu einer vergleichbaren Gehorsamsleistung zu bringen gewesen? Bilde ich mir eine schmeichelhafte Antwort nur ein, weil ich nie einem vergleichbaren Zwang ausgesetzt war? Oder hätte ich – und erst recht unter solchem Zwang – den Gehorsam verweigert? Wann hätte ich mit der Verweigerung angefangen: bei der Dienstverpflichtung, beim Wehrkundeunterricht, bei der Jugendweihe?

Wäre ich in Dresden im Haus meiner Tante oder einem ähnlichen Haus aufgewachsen, hätte ich statt amerikanischer Zigaretten russischen Wodka aus den Lastwagen der Besatzer geklaut. Die ersten Worte einer Fremdsprache, die ich gelernt hätte, wären russische gewesen statt englischer. Ich hätte gesungen: »Die Welt braucht dich wie du sie, Pionier« statt: »Innsbruck, ich muß dich lassen«. Ich wäre, vielleicht, zur kommunistischen Jugendweihe gegangen statt zum Konfirmationsunterricht, hätte russische Filme über den Großen Vaterländischen Krieg gesehen statt amerikanischer Western, hätte das Wort Genosse schon mit fünfzehn so über gehabt, daß ich es mit fünfundzwanzig nicht mehr in den Mund genommen hätte. Ich hätte schon als Kind so viele antifaschistische Filme gesehen, daß mir die amerikanische Serie über den Holocaust nur noch geschmacklos erschienen wäre. Ich hätte heimlich Nietzsche und Sartre gelesen statt heimlich Wilhelm Reich und Lenin, hätte, vielleicht, Marx zum ersten Mal freiwillig studiert, als ich von der Studentenbewegung in Westberlin hörte.

Und sonst?

Hätte ich etwa nicht Geige geübt, während die anderen Fußball spielten? Nicht lieber Spinoza gelesen als Karl May? Nicht zu hören bekommen, daß Onanie die Augen verdirbt? Nicht das Schweigen bei Tisch als schlimmer empfunden denn die Bomben im Weltkrieg? Nicht »Rock around the clock« als die wichtigste Botschaft seit der Bergpredigt gehört? Nicht Bob Dylan auswendig gelernt?

Derselbe wäre ich nicht. Aber wäre ich ein so anderer geworden, daß ich nicht mehr wiederzuerkennen wäre? Wo hört ein Staat auf und fängt ein Ich an?

Wir sind wieder wer. In diesem Satz stört immer das »Wieder«. Wer endlich wer wird, muß einmal niemand gewesen sein.

Pommerer antwortet auf die Geschichte vom unsichtbaren Verwandten in Dresden nur mit: »Na und? Wußtest du nicht, daß die Soldaten der Bundeswehr die Transitstrecken nicht benutzten dürfen? Daß sie Antrag bei ihrem Dienstvorgesetzten stellen müssen, wenn sie in die DDR einreisen wollen? Daß der Bundesgrenzschutz jeden Brief von West- nach Ostdeutschland mitliest?«

Ich wußte es nicht. Ich weiß nur, daß wir scheitern werden mit dem Versuch, uns vom Wahnsinn des einen durch den Hinweis auf den Wahnsinn des andern Staates zu heilen.

Ich bin letztes Jahr 40 geworden, die beiden Staaten, die das Wort »deutsch« in ihren Initialen führen, haben gerade ihren dreißigsten Geburtstag gefeiert. Ich bin also knapp zehn Jahre älter als der Staat, der da neben und in mir aufgewachsen ist. Schon aus Altersgründen kann ich ihn nicht mein Vaterland nennen. Hinzu kommt, daß dieser Staat nur einen Teil des Landes repräsentiert, das mein Vaterland wäre. Falls mein Vaterland existiert, so ist es kein Staat, und der Staat, dessen Bürger ich bin, ist kein Vaterland. Wenn ich auf die Frage nach meiner Nationalität ohne Zögern antworte, ich bin Deutscher, so optiere ich damit offensichtlich nicht für einen Staat, sondern für meine Zugehörigkeit zu einem Volk, das keine staatliche Identität mehr besitzt. Damit behaupte ich aber gleichzeitig, daß meine nationale Identität nicht an meine Zugehörigkeit zu einem der beiden deutschen Staaten gebunden ist.

Dasselbe gilt für die Behauptung »Ich komme aus Deutschland«. Entweder hat der Begriff keinen Sinn, oder ich spreche von einem Land, das auf keiner politischen Landkarte verzeichnet ist. Solange ich von einem Land namens Deutschland spreche, spreche ich weder von der DDR noch von der BRD, sondern von einem Land, das nur in meiner Erinnerung oder Vorstellung existiert. Gefragt, wo es liegt, wüßte ich keinen anderen Aufenthaltsort zu nennen als seine Geschichte und die Sprache, die ich spreche.

Wenn ein Vaterland der Deutschen weiterhin existiert, so hat es am ehesten in ihrer Muttersprache überlebt, und wenn es wahr ist, daß das Land vom Vater und die Sprache von der Mutter stammt, so hat sich das mütterliche Erbe als stärker erwiesen. In dieser Hinsicht scheinen die Deutschen wieder beim Anfang ihrer Geschichte angelangt. Das Wort deutsch bezeichnete ja ursprünglich weder ein Volk noch einen Staat, sondern bedeutete »Volk«, »volksmäßig«, als Bezeichnung der gemeinsamen Sprache verschiedener Stämme, die die gesprochene Sprache gegen die lateinische Urkunden- und Kirchensprache durchzusetzen begannen. Diese sprachliche Einheit bestand Jahrhunderte vor der Gründung des Heiligen Römischen Reiches Deutscher Nation, und sie hat die Entstehung und den Zerfall aller weiteren unheiligen Reiche überlebt. In einem bestimmten Sinn scheinen die Deutschen also wieder am Ausgangspunkt ihrer Geschichte angelangt: das Wort »deutsch« läßt sich unmißverständlich nur noch als Adjektiv gebrauchen, und zwar nicht in bezug auf Staat oder Vaterland, sondern, soweit von der Gegenwart die Rede ist, in bezug auf ein einziges Substantiv: Sprache. Und wie vor 1000 Jahren kann der Versuch, eine gemeinsame deutsche Sprache zu sprechen, nur mit einer Weigerung anfangen: mit der Weigerung, das Kirchenlatein aus Ost und West nachzuplappern.

»Also weiter so und nicht nachlassen«, sage ich zum Abschied und halte Pommerer die Faust mit dem hochgestellten Daumen vors Gesicht.

»Am Adenauerplatz«, erwidert Pommerer, »soll eine Fünf-Zimmer-Wohnung frei werden. Kannst du dich mal erkundigen?«

»Für dich?«

»Der Ausschluß aus dem Schriftstellerverband steht bereits auf der Tagesordnung. Und was dann kommt, kann ich mir vorstellen: Schreiben für die Schublade.«

»Und du meinst, sie lassen dich raus?«

Pommerer zuckt die Achseln.

»Einen Schriftsteller? Immer.«

V

Die Abende sind kühl geworden, bei Charlie sind die Stühle und Tische von der Straße geräumt, hinter der Fensterscheibe sehe ich Roberts stachliges Profil. Aber Robert scheint mich nicht zu erwarten. Der Blick, mit dem er mein Hereinkommen notiert, drückt kaum einen Gruß aus; sein Kopf ist zwischen die Schultern geduckt wie immer, wenn er jemanden überzeugt. Vor ihm stehen ein Glas Mineralwasser und eine Tasse Kaffee. Erst wie ich an dem riesigen Pappkopf neben der Theke – eine unglückliche Kompromißbildung zwischen Marx und Bakunin – vorbeigegangen bin, erkenne ich, mit wem Robert spricht.

Nach ihrer Gesichtsfarbe zu urteilen, ist Lena vor wenigen Tagen aus Süditalien zurückgekehrt. Aber was hat sie in diese Kneipe am Kurfürstendamm verschlagen, in der, womit früher alles gesagt war, nur Leute wie ich verkehren? Einmal habe ich sie Robert von Ferne gezeigt, in einem Menschengewühl, aber ich habe ihm nie ihre Adresse genannt, nicht einmal ihren Nachnamen. Jedenfalls sitzt sie da, hinter einem Vorhang aus Rauch, schön und streng wie jemals, in leichten italienischen Stoffen, kein Gramm zuviel am Körper, so dicht neben Robert, als böte der Tisch nicht Platz für sechs Gäste. Ohne Neugier begrüßt sie mich, ein Wiedersehen, dem Mißtrauen beigemischt ist. Warum auch sollte sie mir ein Wissen ansehen, erworben auf einer Reise, die nur im Traum eine gemeinsame war? Warum bilde ich mir ein, auf dieser Reise etwas über uns in Erfahrung gebracht zu haben, das der Mitteilung wert wäre?

Ich habe den See gesehen, das Städtchen, die Straße, in der du gewohnt hast. Ich bin in dem Laden gewesen, wo du drei Jahre . . . Eine Straße mit Kopfsteinpflaster, Lange Gasse, war das der Name? Aber, was wollte ich sagen: es stimmt, daß die Menschen dort anders . . . Vielleicht kann man sich, wenn man dort aufgewachsen ist, im Westen nie ganz zu Hause . . . Jedenfalls ist mir klar geworden, daß du immer noch, ja, nach zwanzig Jahren noch . . . Dieses Klare, Reine, Gerade . . . Ich meine die Vorwurfshaltung, diese Sucht, den Fehler außen zu suchen, unschuldig zu bleiben . . . Ich wollte nur sagen, ich werde mich nicht mehr entschuldigen, nicht mehr rechtfertigen . . . Jaja, ich habe es immer besser gehabt, immer die kleinen Sicherheiten, ein Kind des Marshall-Plans . . . Aber ich werde mich nie mehr . . . Ich mache das nicht mehr mit, dieses: Du forderst, ich gebe, diese ständige Erschwerung der Einreisebedingungen, diese unverschämte Erhöhung des Zwangsumtauschs . . . Entschuldige, ich genieße es, endlich wieder einen anständigen italienischen Wein zu trinken . . . Das »Entschuldige!« nehme ich zurück . . . Also gut, ich werde dir erst einmal sagen, wieviel Geld ich verdiene, wieviel Steuern ich zahle, welchen Wagen ich mir demnächst kaufe, welche kaputten Phantasien, unmöglichen Neigungen . . . Interessiert dich nicht . . . Ich wollte nur sagen: Es wird Zeit, daß du endlich einmal vorbeikommst hinter deinem Zaun. Du bist gar kein Opfer, sondern ein Täter . . . Ich möchte nur endlich einmal . . .

»Das ist also eure Stammkneipe!« sagt Lena.

»Was heißt Stammkneipe?«

»Fühl dich doch nicht gleich angegriffen!«

»Wieso denn? Ich meine: wieso denn nicht?«

»Gehts dir nicht gut?«

»Doch!«

»Wenn etwas ist, du kannst mich ja anrufen!«

Robert hat mit unbewegtem Gesicht zugehört; das plötzliche Aufstrahlen in seinen Augen scheint Lena zu gelten, nicht mir. Wie Lena aufsteht und Robert ihr die Tasche reicht, erkenne ich ein Einverständnis in ihren Blicken, das älter ist als jedes Gespräch. Lena verabschiedet sich, erst von mir, dann von Robert, und geht an dem Pappkopf vorbei zur Tür, ohne sich umzudrehen.

»Warum hast du sie eigentlich so geheimgehalten vor mir«, sagt Robert und bestellt, ohne ein weiteres Wort über Lena zu verlieren, einen Kaffee und ein Mineralwasser. Dann schaut er auf die Uhr, bittet den Wirt, den Fernseher lauter zu stellen, und rückt seinen Stuhl näher ans Bild.

»Das müssen wir uns unbedingt ansehen. Das wird spannend!«

Das Eishockeyspiel zwischen der Sowjetunion und den USA hat gerade angefangen. Es wird bis auf weiteres die letzte sportliche Begegnung zwischen beiden Ländern sein. Die USA haben beschlossen, die Olympischen Spiele in Moskau zu boykottieren, solange sowjetische Truppen in Afghanistan stehen.

»Ausgerechnet die USA!« sagt Robert zum Wirt. »Die habens nötig. Die sollen erst einmal als Salvador rausgehen!«

Das Spiel findet in den USA statt; die Stimmung zwischen den Regierungen überträgt sich auf Spieler und Zuschauer. Immer, wenn die amerikanische Mannschaft in die russische Hälfte vordringt, schwingen die Zuschauer Fahnen und Hüte mit den Farben der USA.

»Diese Westheinis mit ihren Flaggen!« schreit Robert. »Hau rin, Iwan, zeigs diesen Collegeboys!«

Vors Tor gekauert sehe ich den Torwart in seiner Rüstung. Auf dem Kopf sitzt ein Helm, das Gesicht ist mit Draht vergittert, die Hände stecken in dicken Lederhandschuhen, die Beine sind durch Plastikschienen geschützt; nur wenn er tief in die Knie geht, öffnen sich die Beine einen Spalt breit, der Weltraum ist kleiner als der Kasten hinter ihm.

»Tor!« schreie ich.

»Das war kein Tor! Das war ein Foul!«

Robert ist vor Erregung aufgestanden.

»Hast du es nicht gesehen? Der Ami hat einen Russen auf den Torwart gestoßen . . . Wie bitte? Was sagt der Schiedsrichter? Kein Foul?«

»Der Russe ist von selber auf seinen Torwart gefallen!«

Ein Gerangel entsteht an der Rampe, fünf Spieler verknäulen sich ineinander und kämpfen mit ihren gekrümmten Lanzen um den Besitz des unsichtbaren schnellen Dings, zwei Spieler sind im Begriff, ihre Schlittschuhe auszuziehen, Holz splittert, der Schiedsrichter entscheidet: Tor!

»Das gibt es doch gar nicht!« fährt Robert dazwischen. »Guck dir das an, du brauchst ja nur hinzuschauen, wie der Ami den Russen mit der Faust –«
Die Zeitlupe zeigt es ganz deutlich: was für mich ein Tor der Amerikaner, ist für Robert ein Foul an den Russen.

Das Licht auf dem Hof funktioniert nicht. Wie ich den Gang zwischen den Mülleimern durchquere, höre ich eine Stimme aus einem Winkel des Hofes. Erst nach und nach zeichnet sich in der Schwärze hinter den Mülleimern der Umriß des Alten ab, der sich an seiner Tür zu schaffen macht.
»Licht, Licht! Haben Sie denn kein Licht!«
Ich hole eine Taschenlampe aus meiner Wohnung und leuchte Frieda Loch an. Sie hat diesmal auf dem Kopf eine schwarze Lockenperücke, an den Handgelenken glitzern Ringe und Kettchen, die Schminke vom letzten Auftritt läuft über ihr Gesicht. Sie steht auf dem Schuttberg vor ihrer Wohnungstür und kramt im schütteren Licht der Taschenlampe ihr Handtäschchen durch; neben ihr stehen zwei riesige Koffer. Das Schminkzeug, der silberne Kamm, die künstlichen Wimpern: sie findet und findet darunter den Schlüssel nicht.
»Vielleicht ist er in die Koffer geraten«, sage ich.
Ich helfe ihr beim Öffnen der Koffer. Das schlohweiße Kleid aus Gaze, die schimmernde Stola, die Netzstrümpfe und Strapse, die blonden, braunen, roten Perücken, die gold- und silberdurchwirkten Tücher, der Marlene-Dietrich-Hut, der ungeheuerlich lange weiße Spitzenschleier: alles sinkt aus den Koffern nach und nach in den Schutt, als habe sich eine Schatztruhe geöffnet.
Fluchend geht Frieda zum Fenster und drückt es nach innen.
»Können Sie mal, nur ein bißchen, ich bin gar nicht schwer.«
Ich packe den Alten, der geil zu kichern anfängt, von hinten und wuchte ihn auf den Fenstersims. Drinnen höre ich Blumentöpfe zerplatzen, Glas splittern, dazwischen die anzüglichen Dankesworte des Alten, der seinen Hintern länger als nötig in meinen stemmenden Armen läßt. Hat er die Geschichte vom verlorenen Schlüssel vielleicht nur erfunden?

Ein neues Geräusch ist dazugekommen, das alle anderen Geräusche im Haus übertönt: die Bauarbeiter klopfen am Putz. Sie klopfen die Einschußlöcher aus dem letzten Krieg ab, die schönen Halbreliefs, die das Wetter in die Fassaden gearbeitet hat, Wandzeichnungen eines halben Jahrhunderts.

»Das schaffen die nie! Wetten daß!«

»Haben sie ja schon mal geschafft.«

»Nie! Ein Kasten Bier!«

Durch das halboffene Fenster höre ich die Stimmen von zwei Bauarbeitern, die es sich zur Frühstückspause auf dem Brettergerüst gemütlich machen. Das Brett, auf dem sie sitzen, verläuft etwa am oberen Rand meines Fensters; ich sehe nur vier baumelnde Beine.

»Bei der nächsten Olympiade holt sich die DDR die Goldmedaille im Fußball.«

»Nie! Ein Kasten Bier!«

»Ein Kasten Bier! Die schaffen das, die gehen da wissenschaftlich ran! Paß auf, der Alex, das ist also der Enkel von meinem Onkel drüben, der hat eine Freundin in der Klasse, die ist ein As im Schwimmen. Die ist schon beim Startsprung zwei Köppe vorn, habe ich selber gesehen. Naja, und so eine holen sie dann von der Schule weg, die braucht kein Russisch mehr lernen, der knallen sie ein paar Spritzen rin und biegen die durch, bis sie wie ein Wollfaden wird. Schön isses nicht, aber der Erfolg, den siehste dann.«

»Beim Schwimmen, ist klar, beim Schwimmen. Schwimmen ist Drill, und was sie mit Drill erreichen können, da sind sie uns über. Aber beim Fußball – nie! Da iss mit Drill nix zu machen. Da brauchst du Spielerpersönlichkeiten, ein Gefühl für den Ball brauchst du da, und das Gefühl, das kriegst du mit Drill nich rin! Du kannst einem Roboter alles beibringen, aber nicht das Gefühl für den Ball!«

»Was heißt Gefühl! Unsere Spieler sind doch gar nicht mehr motiviert. Die sind doch schon in der Regionalliga satt. Die sind doch schon Millionäre, bevor sie im Achtelfinale sind. Da ist kein Dampf mehr dahinter, alles zu schlaff. Die anderen, die haben noch Hunger. Und wer Hunger hat, der hat den Biß! Du siehst es doch: am Reck, am Barren, auf der Skischanze, beim Speerwerfen, beim Kugelstoßen, auf der Aschenbahn, die haben die Nase vorn – und wir: unter ferner liefen. «

»Laß die erst mal alle ihren Golf fahren, dann laufen sie nicht mehr so schnell. «

»Da sorgen schon die Russen für, daß sie nicht alle Golf fahren. «

»Aber die Russen sorgen auch dafür, daß sie nicht Weltmeister werden. Da kriegt dann der DDR-Trainer einen Anruf ausm Kreml, und dann heißt es: Entweder fällt jetzt ein Eigentor oder es geht ab, nach Sibirien! Die Wette hast du jetzt schon verloren!«

»Die schaffen das – mit dem Hunger und der Wissenschaft. «

»Nie! Ein Kasten Sekt! In allen anderen Sparten können sie es mit uns aufnehmen, vielleicht! Aber im Fußball nie!«

Diesmal bin ich der einzige Einreisende am Grenzübergang Heinrich-Heine-Straße, aber es dauert länger als üblich, bis meine Nummer aufgerufen wird. Beim Zoll kennt man mich schon; ich werde freundlich, fast locker begrüßt.

»Gar nichts dabei diesmal? Das ist aber nicht nett von Ihnen. Da werden Ihre Freunde enttäuscht sein. Habe ich schon gefragt, ob Sie Waffen mit haben, Munition, Druckerzeugnisse, Kinder keine?«

»Keine. «

Ich fühle mich schon abgefertigt; dann dirigiert mich der Zollbeamte, als gebe er einer plötzlichen Laune nach, um einen Peitschenmast herum.

»Dann wollen wir mal«, sagt er, nimmt einen Schraubenzieher zur Hand und macht sich an die Arbeit. Er fängt bei den Radkappen an, schraubt dann die Räder ab, das Reserverad wird zum Röntgen gebracht, der Kofferraum wird durchleuchtet, dann der Motor. Darauf nimmt er sich den Innenraum vor: die Fußmatten, die Bleche unter den Fußmatten, die Innenverkleidung der Tür, die Lederverkleidung der Sitze. Während er sich daranmacht, die Lautsprecherboxen abzureißen, lasse ich meinen Vorsatz fallen und nehme ihm den Schraubenzieher aus der Hand. In den nächsten zwei Stunden bauen wir gemeinsam und so gründlich den Citroen auseinander, daß am Ende ein unkenntliches Gerippe vor uns steht.

»Was machen Sie denn sonst so? Beim Schrauben beweisen Sie ja ein gewisses Talent«, sagt der Beamte.

»Ich schreibe Geschichten.«

»Worüber denn?«

»Über das Leben, über Sie zum Beispiel.«

»Und davon können Sie leben?«

»Notfalls halte ich mich mit Schraubenziehen über Wasser. Wie oft finden Sie eigentlich etwas?«

»Ziemlich oft und immer, wenn etwas versteckt ist.«

»Kann ich mir nicht vorstellen, bei Ihrer Methode. Wenn ich zum Beispiel Haschisch dabei hätte, wie wollten Sie das finden mit ihrem Schraubenzieher? Wo sind denn die Schnüffelhunde?«

»Schnüffelhunde? Wie kommen Sie darauf? Für sowas haben wir unsere Riechmücken.«

»Riechmücken? Die fliegen Ihnen doch weg.«

»Keine Sorge. Wenn wir die Mücken dressieren, fliegen sie nicht weg. Wen besuchen Sie denn diesmal, wenn ich fragen darf?«

»Das Berliner Ensemble.«

»Naja, interessiert mich auch nicht. Man unterhält sich nur so. Sie meinen also, ich finde nichts mit meiner Methode? Gut, ich will nicht zuviel sagen. Hinterher haben Sie doch etwas im Wagen und lachen sich ins Fäustchen.«

»Das würde ich bestimmt tun, wenn ich etwas im Wagen hätte.«

»Was könnte das sein?«

»Jedenfalls Sie mit ihrem Schraubenzieher werden es nicht finden. Auch nicht mit ihren Riechmücken.«

»Wie denn? Ich bin immer aufgeschlossen für einen Tip.«

»Sie müßten schon einen Apparat einsetzen, der Gedanken lesen kann.«

»Haben wir längst entwickelt. Meinen Sie, es würde sich lohnen bei Ihnen?«

»Da bin ich nicht sicher.«

»Ich eben auch nicht. Aber Sie machen mich neugierig. Was würde ich denn finden in Ihrem Kopf?«

Der Beamte bittet mich, ihn zum Visumschalter zu begleiten. Wortlos reicht er meinen Paß durch den Schlitz, läßt sich die Visumgebühr zurückgeben, die Straßengebühr, tauscht mein DDR-Geld in Westmark zurück, überreicht mir alle Quittungen. Erst wie wir zum Auto zurückgekehrt sind, stellt er sich in militärischer Haltung vor mir auf und teilt mit dienstlicher Stimme mit: »Die Einreise in die DDR kann Ihnen nicht gestattet werden. Über die Dauer und Gründe der Maßnahme wird keine Auskunft erteilt, wie es internationalen Gepflogenheiten entspricht.«

In der Zeit, da der kürzeste Tag bevorsteht und das Geäst der Kastanien den Fernsehantennen ähnlich wird, wache ich manchmal inmitten der Schwärze auf. Die Traumbilder, an die ich mich erinnere, handeln von unvermuteten Bekanntschaften, erwiderten Blicken, Berührungen ohne Vorbereitung und Ziel. Ein Firnis von Harmonie liegt darüber wie auf den Bildern einer Zigarettenreklame; das Gefühl, das sich im Augenblick des Erwachens durchsetzt, spricht von einer gewaltsamen, noch frischen Trennung, als sei ein immer nur gefürchteter Abschied jetzt wahr und nur im ersten Schlaf vergessen worden. Wenn ich mich dann aufsetze und Licht mache, ist alles wieder an seinem Platz. Durch die Wand ist das vertraute Atmen zu hören, kein Streit ist vorangegangen, so steht kein Auszug bevor. Aus dem Treppenhaus gegenüber dringt das Geräusch eines anhaltenden Fahrstuhls, in der Küche springt der Motor des Eisschranks an, eine letzte Mücke ist wach geworden und sirrt durch den Raum. Nichts ist zu Ende. Die schwarzen Schnürschuhe stehen unter dem Stuhl wie seit Jahren, sie werden vor mir kaputtgehen. Das blaue Hemd über der Lehne hat länger gehalten als meine letzte Liebe, der Kragen zeigt jetzt Abnutzungserscheinungen. Die

Reiseschreibmaschine ist älter geworden als die Flugblätter, die ich darauf schrieb. Die Gitarre an der Wand wird mich wahrscheinlich überleben, ich spiele sie schon lange nicht mehr. Alles in allem: von den mich umgebenden Dingen gehöre ich zu den dauerhafteren. Nur die Stadt draußen mit ihren Brandmauern, Hinterhofmauern, Grenzmauern – diese Mauern werden noch stehen, wenn niemand mehr da sein wird, der hindurchgehen könnte.